지혜서와 잠언

합신 포켓북 시리즈 09

지혜서와 잠언

초판 1쇄   2021년 6월 10일

발 행 인   김학유
지 은 이   현창학
펴 낸 곳   합동신학대학원출판부
주   소   16517 수원시 영통구 광교중앙로 50 (원천동)
전   화   (031)217-0629
팩   스   (031)212-6204
홈페이지   www.hapdong.ac.kr
출판등록번호   제22-1-2호
인 쇄 처   예원프린팅 (031)902-6550
총   판   (주)기독교출판유통 (031)906-9191

ISBN 978-89-97244-94-2
값 7,000원

현창학

지혜서와 잠언

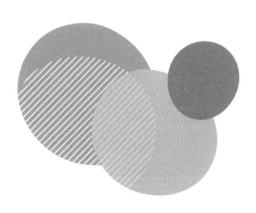

합신대학원출판부

발간사

우리는 정통개신교신자들입니다. 정통개신교는 명실 공히 종교개혁신학의 가르침과 전통에 서 있습니다. 그러나 우리의 신학은 단순히 개혁자들의 가르침들을 재진술하는 정도에 머물러서는 안됩니다. 전문신학자들의 사변적 논의와 신학교 강의실에만 갇혀있어서도 안됩니다. 그것은 평범한 신자들이 알아들을 수 있는 말로 현장의 그들에게 전달되어야 합니다. 그리고 그들이 현장에서 늘 경험하는 현실의 문제들을 말해주어야 합니다. 다른 말로 하면, 우리의 신학은 오늘의 현장에서 작동하는 것이어야 합니다. 이것은 개혁신학을 탐구하는 신학도들이 걸머져야 할 중요한 책임입니다. 우리는 "신학의 현장화"라는 말로 이것을 요약해 왔습니다.

"합신 포켓북 시리즈"는 이러한 노력의 일환으로 합신이 펼치는 하나의 시도입니다. 현장에서 신앙인들이 직면하는 특정의 문제, 혹은 신학이나 성경의 주

제를 이해하기 쉬운 일상의 말로 풀어서 분량이 많지
않은 소책자의 형식에 담았습니다. 모든 신앙인들이
관심 있는 특정의 주제를 부담 없이 접하고 어려움 없
이 이해하여 현장의 삶에 유익을 얻도록 안내하려는
것이 이 시리즈의 목적입니다. 이 시리즈의 책들을 교
회에서 독서클럽의 교재로 사용할 수도 있습니다. 담
임목회자들은 교회의 특별집회의 주제로 이 책을 선정
하여 성도들이 이 책을 읽고 집회에 참여하도록 할 수
도 있습니다.

　　현장에서 작동하는 신학이 되어야 한다는 신념으
로 합신의 교수들이 정성을 들여 펼쳐내는 "합신 포켓
북 시리즈"가 이 나라 교회현장의 신앙인들에게 이곳
저곳에서 큰 유익을 끼치게 되기를 기대합니다.

합동신학대학원대학교

총장 김 학 유

머리말

『구약 지혜서 연구』를 낸 지 11년이 지났다. 여러 학교, 여러 교수님들이 교재로도 써 주시고 추천도 해 주셔서 4쇄까지 찍었고, 어느덧 지혜서 공부를 위한 교과서 역할을 한다는 말도 듣게 된다. 『구약 지혜서 연구』는 1980년대부터 서구 학계에 집적돼 온 지혜서 연구의 성과들을 목사님, 신학생들이 설교하는 데 도움을 얻을 수 있도록 가급적 상세히 해설한 책이다. 대체로 생소하여 소홀히 하기 쉬운, 그러면서도 어려운, 그러나 그리스도인이 그리스도인다운 삶을 사는 데 있어 필수적으로 익혀야 하는 신앙 의식 내지는 가치관의 문제를 다루는 것이 지혜서이기 때문에 어떤 형태로든 지혜서의 책들을 이해하는 데 도움이 될 기준적인 지침 같은 것은 필요한 형편이었고, 『구약 지혜서 연구』는 여러 가지 부족한 점에도 불구하고 그 요구에 부응하는 책으로 역할을 해 온 셈이다.

『구약 지혜서 연구』를 낼 때에 비해 필자의 생각이 크게 달라진 것은 없다. 그러나 여기저기 보충하거나 고치고 싶은 부분이 왜 없겠는가. 개정판을 내는 작업을 감히 엄두를 못 내던 차에 정창균 전 총장님께서 누구나 쉽게 읽을 수 있는 지혜서 해설서를 하나 써 주었으면 좋겠다는 부탁을 해 오셨다. 형식도 소책자이니 쉽게 쓰면 된다는 말씀이었다. 그래서 부담 없이 시작한 것이 본서이다. 그러나 아무리 소책자요 쉽게 풀어 쓰는 글이라 해도 저술은 저술이다. 책임 없이 앞에 썼던 글을 단순히 '반복 기술'할 수만은 없었고 어느 정도는 새로운 연구 결과가 필요했다. 그래서 『구약 지혜서 연구』에 미진했던 것을 보충하기도 하고 다소 수정하기도 하면서 새 글을 만드느라 당초 예상했던 것보다 책의 출간이 많이 늦어졌다. 정 전 총장님의 권면과 격려가 아니었다면 이 책은 세상에 태어날 수 없었을 것이기에 이 자리를 빌려 다시 한 번 감사의 말씀을 드리며, 책의 출간을 허락해 주신 김학유 총장님께도 감사 말씀 올린다. 더불어 흠 없는 책이 되도록 두루 살펴주신 출판부장 권 호 교수님, 아름다운 책이 나오도록 수고해 주신 북디자이너 김민정 자매께도 심심한 감사의 말씀 전한다.

책은 두 장으로 이루어져 있다. 첫 장은 지혜의 개념과 지혜서란 어떤 책인가 하는 것에 대해 해설한 것이다. 지혜와 지혜서에 대한 이해는 그리스도인이 그리스도인다운 삶을 살기 위해 필수적으로 중요하지만 한국교회의 신앙 내용 안에는 많이 결여된 부분이다. 이 장에서는 지혜의 개념을 정의하고 지혜서의 특징과 성격에 대해 이해하기 쉽게 설명했다. 두 번째 장은 잠언 전체를 개관한 것이다. 잠언을 이루는 각 부분들을 해설하였다. 그러면서 잠언이 가르치는 인간의 삶의 의미, 목표, 그리고 그 목표에 이르는 방법 등에 대해 상세히 설명하고자 했다. 1-9장의 분석은 『구약 지혜서 연구』 때와는 다소 달라졌다. 『구약 지혜서 연구』에서는 이 부분을 10개의 주 강의와(main lectures) 5개의 특별 강의로(special lectures) 되어 있는 것으로 보았는데, 본서에서는 "아버지의 강의" 12개와 "(숙녀) 지혜의 강의" 3개로 이루어진 것으로 보았다. 후자와 같이 할 때 1-9장이 보다 더 명확하고 쉽게 이해될 것으로 느껴졌다. 많은 시간은 10-29장을 분석하는 데 소요되었다. 10-29장은 하나씩 끊어지는 금언들로 되어 있어서 독자들이 전체적인 내용을 파악하기 매우 어렵기 때문에 이 금언들을 주제별로 분류하여 제시할 필요를 오랫동안 느껴 왔는데 이번 기회에 그 작업을 수행하였다. 주제별 금언 분류와 이해는 10-29장 전체를 정확히 이해하는 데 큰 도움이 된다. 이 부분을 설교하기 위해서도 반드시 필요하다.

지혜서는 인간이 바른 가치를 가지고 살도록 권면하는 책들이다. 이스라엘은 우주가 "의"라는 질서로 운영되고 있다고 믿었다. 하나님이 통치하시는 우주는 도덕적 우주인 것이다. 악이 악으로 계속 치달아도 아무 제재도 받지 않고 의가 질식할 정도로 무시되어도 아무렇지도 않은 그런 무질서의 세계가 아닌 것이다. 하나님은 의라는 도덕 원리로 우주를 다스리셔서 의는 의의 보상을, 불의는 불의의 보상을 받게 하신다. 그것이 하나님의 세계와 역사 운영이다. 노만 가

이슬러의 말처럼 역사는 "메시야 시대에 이르는 도덕적 과정"이다.

지혜서는 한 인간이 바른 가치로 살아 성공적인 삶을 살기 원하며 한 사회가 바른 사회정신을 지닌 건강한 세상이 되기를 원한다. 개인이 바르게 살아 성공하도록 이끄는 인생 교과서요, 사회가 건전한 정신이 구비된 성숙한 선진 사회가 되도록 이끄는 사회 교육서인 것이다(특히 잠언). 정신적 가치가 실종됐을 뿐 아니라 그에 대해 언급하는 것조차 이상스러운 눈으로 바라보는 기괴하리만치 혼란스런 세상이 되고 말았다. "죄를 정상적인 것으로, 의를 이상한 것으로 여기는" 세상이 된 것이다(데이빗 웰즈). 의와 악이 그에 마땅한 결과를 보상으로 받는다는 우주의 도덕 원리는(보응의 원리) 시대와 환경이 바뀐다 해도 바뀔 수 없는 하나님의 진리이다. 세상의 유혹과 다수가 따르는 가치에 현혹되지 말고 두려운 마음으로 하나님과 하나님 말씀에 착념하며 의로운 생활을 지켜 나가야 한다. 지혜서를 사랑하고 많이 읽고 그것이 가르치는 삶의 가치를 의식 안에 자리 잡게 하고 인격의 확고한 일부가 되게 해야 한다. 그것이 우리 한 사람 한 사람이 복을 받는 길이요 우리 사회가 건강한 선진 사회가 되는 길이다. 정신적 가치를 세우는 일이 도무지 요원하고 불가능할 정도로까지 느껴지는 혼란스런 세상이지만 우리는 의로운 삶을 살아내야 하며 있는 힘을 다해 그 가치를 젊은이들에게 가르쳐야 한다. 젊은이들을 바른 인격으로 길러내는 일은 미래를 위한 유일하게 유의미한 투자이다. 지혜서를 붙들면 암울했던 우리 역사에 한 줄기 크고 밝은 빛이 비출 것 같은 희망이 생긴다. 우리의 자녀들과 주일 학교의 어린이, 청소년들을 의의 원리로 가르쳐 저들이 이루는 세상은 온 세계를 향해 "산 위의 동네," "등경 위의 등불"이 되는 세상이 되게 해야 한다. 험난한 역사에 우리 시대가 받은 절체절명의 소명이 이외에 또 있겠는가.

2021년 3월
동탄 새 서재에서 현창학

현창학

합동신학대학원대학교 은퇴교수(구약)

제1장

지혜와
지혜서

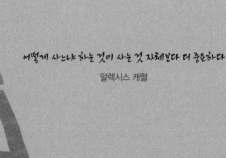

어떻게 사느냐 하는 것이 사는 것 자체보다 더 중요하다

알렉시스 캐럴

1. 지혜란 무엇인가

구약성경에서 잠언, 욥기, 전도서를 가리켜 지혜서라 한다. 이름이 말하는 것처럼 삶의 '지혜'를 다루는 책들이다. 지혜란 하나님이 우주를 다스리는 질서인데, 인간 편에서 보면 이 질서에 조화하여 '효과적으로' 삶을 살아내는 태도와 능력을 가리키는 개념이다.[1] 구약의 지혜서들은 지혜의 이 개념에 기초하여 인간은 어떤 삶을 살아야 하는지, 그 결과와 보상은 무엇인지, 그리고 지상에서 그러한 삶을 추구해 나가는 중에 어떤 모순과 부딪히게 되는지, 그러한 모순을 어떻게 극복해야 하는지 등 삶의 중요하고도 심각한 문제들에 대해 진지하게 신학적 답변

---

[1] 잠언은 지혜를 하나님의 속성 또는 하나님 자신으로 말하기도 하고, 사람 편에서의 "삶의 기술," 즉 어떻게 살 것인가 하는 것으로 말하기도 한다. 참고: 현창학, 『구약 지혜서 연구』(수원: 합신대학원출판부, 2009), 31-34.

을 구하는 책들이다. 잠언은 전자의 두 질문에 답하는 책이며, 욥기와 전도서는 후자의 두 질문에 대해 답을 구하는 책이다.

　실천적인 입장에서 보면 지혜란 "삶의 기술"(the art of living), 즉 어떻게 사는 것이 바르게 사는 것이며 성공적으로 사는 것인가 하는 관심을 말한다. 지혜서에 의하면(특히 잠언) 지혜는 한 마디로 "의"(義) 또는 "의로운 생활"이다. 의롭고 바르게 살 때에 그러한 삶에 성공과 형통이 따른다는 하나님의 질서(우주의 도덕질서)를 믿고 그 질서에 조화하여 의로운 삶을 살아내는 태도가 지혜이다. 물론 지혜에는 여타 여러 가지 삶의 교훈과 요령들도 있는 것이 사실이다. 예컨대 겸손, 근면, 정직, 바른 언어 습관, 절제, 인내, 분변, 재화의 올바른 사용, 이웃에 대한 너그러운 베풂 등등이다. 그러나 이 교훈, 요령들도 따지고 보면 다 어떻게 사는 것이 의로운(바른) 생활인가 하는 것을 가르치고자 하는 내용들에 다름 아닌 것이다. 따라서 여러 교훈, 요령이란 것들도 결국은 다 의 또는 의로운 생활이라는 한 가지 주제(교훈)

로 수렴될 수 있는 것이다.[2] 그래서 지혜는 한 마디로 "의로운 생활"에 대한 가르침이라 할 수 있다. 지혜서는(특히 잠언은) 지상에 살아가는 인간들에게(특히 젊은이들에게) 바르게 의롭게 살 것을 강력히 당부한다. 그것만이 성공적인 인생을 가능케 하는 비결이기 때문이다.

지혜가 무엇인가를 교과서적으로 가르치는 잠언을 보면 의, 의로운 생활이 책의 중심 교훈인 것을 알 수 있다. 의에 대한 교훈이 다른 교훈에 비해 가장 높은 빈도로 나타나기 때문이다. 빈도란 중요성을 측정하는 가늠자이므로 의의 교훈은 잠언에서 가장 중요하고 대표적인 교훈이다. 그리고 의는 책의 처음부터 시작해서 끝날 무렵까지 쉬지 않고 가르쳐진다. 잠시 다른 교훈이 나오다가도 잠언의 관심은 이내 의의 문제로 돌아가곤 하는 것을 거듭 확인할 수 있다.[3] 과연 잠언은 처음부터 끝까지 줄기차게 의(또는 의로운 생활)를 가르치는 책이라 할 수 있다. 잠언은 지혜라는 주제를 다루는 책인데 이 책의 중

---

2) 현창학, 『구약 지혜서 연구』 85-86 참고.

3) 현창학, 『구약 지혜서 연구』 85 참고.

심 내용이 의(의로운 생활)라면 이는 곧 지혜가 바로 의(의로운 생활)라는 의미가 될 것이다.

흥미로운 사실이 한 가지 더 있다. 잠언에서 지혜와 의는 종종 동의어로 간주된다.[4] 지혜(또는 지혜로운 자)와 의(또는 의인)는 많은 경우에 한 절 안에 평행어로 주어지는데(2:20, 4:11, 9:9, 23:19, 23:24 등; 참고: 8:15-16)[5] 히브리어 평행법에 의하면 이렇게 평형으로 주어지는 두 단어는 사실상 치환이 가능한 동의어이다. 이것 역시 잠언이 지혜를 의라고 생각하는 증거이다. 지혜서가 지혜를 가르친다고 할 때 그것은 기본적으로 "의로운 생활," "바른 생활"을 의미하는 것임을 알 수 있다.

이처럼 지혜가 곧 의, 의로운 생활을 뜻한다는 것은 신앙인에게 무엇을 의미할까. 그리스도인은 지혜서에서 살아가는 데 유익한 여러 가지 요령과 훈계를 얻을 수 있지만 무엇보다도 의로운 생활, 바른

---

4) 사실 이것은 전도서와 욥기도 마찬가지이다. 잠언처럼 흔치는 않지만 전도서와 욥기에도 지혜와 의를 동의어로 간주하는 구절들이 나타난다. 참고: 전 7:16, 9:1; 욥 28:28, 32:9 등.

5) 물론 어리석음(어리석은 자)과 악(악인)도 비슷한 빈도로 많이 평행어로 주어진다.

생활을 배우고 익혀야 한다는 의미가 될 것이다. 의로운 생활을 익혀 자신의 가치와 삶의 양식(modus vivendi)이 되게 하는 일이 가장 중요하며 가장 큰 유익을 얻는 일이라는 말이다. 다른 교훈과 요령으로부터 여러 유익을 얻는다 하더라도 정작 가장 중요한 의로운 생활이라는 가치가 익혀지지 않으면 사실상 지혜서의 가장 중요한 핵심을 놓치고 만 것이다. 사실상 지혜서 내용 전부를 놓친 채 책을 덮었다 해도 지나친 말이 되지 않을 듯싶다. 의로운 생활은 인간이 자신의 삶을 성공적으로 이끄는 필수 요소이다. 의롭게 사는 삶에 성공과 번영이 따른다는 도덕 법칙을 하나님이 이 우주에 심으셨다. 지혜서는 이 법칙, 이 원리를 집약적으로 계시하는 성경이다. 인간은 이 원리를 깨닫고 이 원리에 자신의 삶을 조화시키는 일이 가장 중요하다.

바르게 사는 것은 좋은 것이지 하고 수긍하는 정도의 수준으로는 턱없이 부족하다. 인지나 수긍의 수준을 넘어서 깊은 반성을 통해 의로운 생활이 자신의 삶의 철학, 삶의 양식이 되게 해야 한다. 지혜서는 단순히 몇 가지 지식을 공급하거나 몇몇 삶의 요령을 알려주려고 하는 책이 아니다. 사람의 의식과 가치를 바꾸려는 책이다. 새롭고 바른 가치를 지닌 "인격"을 빚어내려고 하는 것이다.[6] 단순한 수긍 정도는 초등학교의 '바른 생활'이란 교과목이 해 줄 수 있는 수준이다. 그 교과목도 원래 그 정도 수준을 목표한 것은 아니었겠지만, 어쨌든 근대적 방식의 학교 교육이란 인간의 인격을 빚는 일에는 철저히 실패했다. 명확히 불합격점에 해당한다고 하지 않을 수 없다. 학교 교육을 통해 '바른 생활'을 배우지 않은 사람이 없지만 세상은 거짓과 불의와 속임수로 가득하고, 이 사정은 사회의 지도적 위치에 있는 엘리트층이라 해서 달라지지 않으며 오히려 더 나쁘다. 학교 교육은 바른 사람을 빚어내지 못한다는 것이 우리 사회의 오랜 경험인 것이다. 그러면 성경은 어떤가. 지혜서는 계시를 가지고 신앙의 방법으로

---

6) 여러 학자들이 지혜서의 목표를 "인격 형성"(the formation of character)이라 이해하는데 정당하며 정확한 이해이다. 참고: William P. Brown, *Character in Crisis: A Fresh Approach to the Wisdom Literature fo the Old Testament* (Grand Rapids: Eerdmans, 1996), 4; Roland E. Murphy, *The Tree of Life: An Exploration of Biblical Wisdom Literature*, 3rd ed. (Grand Rapids: Eerdmans, 2002), 15.

사람을 빚어내고자 한다. 지혜서는 하나님의 도덕질
서가 무엇인지 가르치고, 이 가르침으로부터 하나님
을 두려워하는 것이 무엇인지 알게 하고, 하나님을
두려워하는 것으로부터 바른 생활의 의식과 습관을
끌어내고자 한다. 인간이 바뀌는 것은 단순히 도덕
률 몇 가지를 학습한다고 되는 것이 아니다. 하나님
의 말씀을 믿는 믿음과 하나님을 두려워하는 경건이
있어야 한다. 하나님에 대한 신뢰와 두려움이 있을
때에만 어려운 "바른 생활"을 자기 가치화하여 실천
하는 능력을 얻을 수 있다. [7] 지혜서는 바른 생활은
좋다 정도의 '정서' 함양을 목표로 하지 않는다. 바
른 생활이 옳고 절대적으로 필요하다는 것을 믿음으
로 절감하여 그것을 자신의 가치로 의식화하고, 따
라서 그것을 살아낼 수 있는 '사람'을 빚고자 한다.
의로운 생활이 삶의 철학이요 양식이 된 "경건의 능
력"의(딤후 3:5) 사람이다. [8]

7] 잠언이 지혜를 여호와 경외(여호와를 두려워 함)와 자주 연결시키는 사
   실에 주의할 필요가 있다(1:7 29; 2:5; 3:7; 8:13; 9:10; 15:33 등). 잠언
   밖에서는 욥 28:28, 시 111:10 등도 참고.

8] 잠언은 지혜 또는 의로운 생활의 가치를 단순한 지식의 차원이 아니요,
   인간의 내면에 의식으로 자리 잡게 해야 한다고 거듭 역설한다(2:1-4,
   10; 4:7-8, 20-21; 6:20-21; 7:1-4 등).

그리스도인이 된다는 것은 회개를 의미한다. 그런데 회개는 지나간 죄를 뉘우치는 것만으로 완성되는 것이 아니다. 성경의 사상에 맞추어 그것에 나의 사상을 조화시킬 때 그것이 진정한 회개이다. 나의 정신세계가 성경의 정신세계의 내용을 흡수 소화해야 한다는 말이다. 구약의 이스라엘은 하나님을 믿는다고 할 때 그분의 도와주심, 구원하심, 사랑만을 믿은 게 아니다. 물론 이것들이 신앙의 중요한 부분을 이루었던 것은 더 말할 필요가 없다. 그러나 이스라엘의 신앙에는 의, 곧 하나님의 의에 대한 믿음이라는 또 하나의 긴요한 요소가 포함되어 있었다. 하나님이 지으신 이 세계는 의의 질서로 운행된다는 것이다. 이것이 이스라엘의 확고한 믿음이었다. 의의 질서에 대한 의식이 결여된 여호와 신앙이란 존재하지 않았다. 하나님을 믿는다는 것은 곧 그분의 의의 질서를 믿는 것이었다. 그리고 또한 이 질서에 대한 자연스런 응답으로 의로운 생활이라는 삶의 태도가 필수적이라 생각했다. 그래야만 하나님의 질서에서 오는 번영과 복을 누릴 수 있기 때문이다. 하나님이 세우신 의의 질서, 이에 대한 마땅한 인간의 삶의 태도 의로운 생활 이 두 요소야말로 이스라엘 신앙의 근간을 이루는 것이었다.

우리는 이러한 이스라엘의 정신세계를 잘 이해하여 회개를 다시 생각해야 한다. 우리의 정신세계에 의의 질서와 의로운 생활이라는 개념과 가치가 들어올 때 그것이 진정한 회개가 된다. 생각은 바뀌지 않은 채 지나간 죄만 거듭 뉘우친다 한들 그것이 온전한 신앙, 성장하는 신앙이 될 수는 없다. 하나님은 의로 우주와 역사를 다스리시고 우리는 의로운 생활로 응답하여 하나님이 허락하신 복을 받아야 된다는 뚜렷한 도덕 의식이 우리를 지배하도록 해야 한다. 한국인은 의란 관념에 대해 특히 무관심하며 생소하다. 아마 오랫동안 내려온 재래 종교 문화의 영향이 클 것이다. 복 받고 잘되고 하는 데에는 많은 관심을 쏟지만 의, 의로운 생활, 삶의 책임 따위에는 무지에 가까울 정도로 무관심하다. 우리 자신이 주로 기우는 종교적 관심에 대한 근본적인 반성이 필요하다. 의의 질서에 대한 분명한 인지와 의로운 생활의 가치를 우리 의식에 뿌리내리도록 하는 노력이 반드시 필요하다. 계시에 근거한, 하나님을 두려워하는 경건에 뿌리를 둔 사고의 혁명적 결단이라 할수 있다.

　다시 한 번 요약하지만 지혜는 의로운 생활이며, 의로운 생활에만 복과 번영이 따른다. 순의정신 재조산하(殉義精神 再造山河)란 말을 만들어 보면 어떨까("의를 위해 목숨을 드릴 각오를 해서 세상을 새로운 것으로 개혁한다").[9] 그리스도인 개개인이 자기를 포기하는 각오로 의를 실천하는 삶을 결단하고(지혜서는 결단을 신앙이라 말한다), 여기서 나아가 우리가 사는 사회가 의가 사회정신으로 굳건히 자리 잡은 사회가 되도록 삶의 모든 영역을 변혁하는 노력을 아끼지 않아야 한다.[10] 건국은 되었지만 정신적 '설계'는 한 번도 되어보지 못한 것이 우리 사회다. 의의 가치로 편만한 '정신'이 있는 세상을 만들어내야 할 것이다. 지혜서는 이러한 새로운 사회, 참다운 선진 사회를 우리에

---

9) 재조산하(再造山河)란 말은 임진왜란 당시 실의에 빠져 있던 서애 류성룡에게 충무공 이순신이 적어주었다는 글귀로 "산과 강, 즉 나라를 다시 만든다"는 뜻이다. 순의정신(殉義精神)이란 말은 의를 실천하기 위해 죽을 각오라도 한다는 말이다.

10) "오직 공의를 물같이, 의를 마르지 않는 시내같이 흐르게 할지어다"라는(필자의 번역) 아모스 5:24의 말씀은 그리스도인이 이 땅에서 어떤 가치로 살아야 하는지, 또한 어떤 가치의 세상을 만들어야 하는지를 가르쳐 주시는 말씀이다.

게 이상으로 제시한다. 하나님이 준비하신 우리의 상상을 뛰어넘는 복이 이 이상이 실현될 날을 기다리고 있다.

2. 지혜서란 무엇인가

지혜에 대해 살폈으므로 이제 지혜서가 어떤 책인가 알아보기로 하자. 지혜서를 이해하기 위해서는 지혜서의 분류를 살펴보는 것이 좋다.

지혜서는 크게 실천적 지혜(practical wisdom)와 사색적 지혜(speculative wisdom) 둘로 나눠진다. 이 분류의 기준이 되는 것은 소위 보응의 원리(retribution principle)라는 사상이다. 보응의 원리란 "의로운 생활을 하는 자에게는 성공과 번영이 따르고 악한 생활을 하는 자에게는 실패와 파멸이 따른다"는 법칙이다.[11] 앞항에서 의로운 생활에 하나님이 허락하신 복이 따르는 것이 우주의 도덕질서라고 여러 차례 언급했는데 바로 이 질서를 이르는 말이다. 보응의

---

11) 현창학, 『구약 지혜서 연구』, 87.

원리는 세계가 의의 질서로 운영되도록 하나님이 우주에 심어놓으신 도덕법칙이다.[12] 이 보응의 원리에 대해 어떤 태도를 취하느냐에 따라 두 지혜가 나눠진다. 실천적 지혜는 보응의 원리를 긍정하며 삶의 원리로 적극 권장하는 지혜이고, 사색적 지혜는 보응의 원리에 대해(또는 그것의 시행에 대해) 강하게 반발하며 회의하고 항의하는 지혜이다. 잠언은 실천적 지혜로 분류되고, 욥기와 전도서는 사색적 지혜로 분류된다.[13] 각 지혜에 대해 살펴보자.

1) 실천적 지혜[14]

바르고 의로운 삶에 성공과 번영이 있고 악하고

---

12) 보응의 원리의 "보응"이란 말이 너무 강해서 학자들은 이 용어를 피하기 위해 여러 시도를 해왔지만 그것들이 그리 성공적이었던 것으로 보이진 않는다. 보응의 원리란 말에 불가피하게 따라 다니는 언어적 선입견의 문제와 역시 언제나 발생할 수 있는 신학적 오해의 문제를 해결하는 것에 대해서는 현창학, 『구약 지혜서 연구』 91-98을 참고.

13) 외경에서는 벤 시라, 즉 집회서(Ecclesiasticus)는 실천적 지혜로, 솔로몬의 지혜(The Wisdom of Solomon)는 사색적 지혜로 분류되는 것으로 본다.

14) 이에 관한 기본적인 내용은 현창학, 『구약 지혜서 연구』 35-36을 참고.

불의한 삶에 실패와 파멸이 따른다는 도덕 원리, 즉 보응의 원리를 적극 전파하며 이 원리를 염두에 두고 바른 생활을 할 것을 강력히 권하는 지혜이다. 잠언이 여기에 속한다. 인간의 삶을 성공적으로 이끌기 위해 실천해야 할 바를 알려주는 지혜란 의미에서 실천적 지혜(practical wisdom)란 이름이 붙여졌다. 오랜 경험의 바탕 위에 얻어진 실제적인 교훈들이므로 경험적 지혜(experiential wisdom)라고도 하고, 생을 하나의 요리로 비유하여 좋은 '요리'가 되게 하는 처방(조리법)이 된다는 의미에서 처방 지혜(recipe wisdom)라 하기도 한다.

위에서 말했듯이 교훈의 기본 사상은 보응의 원리이다. 즉, 의롭게 사는 삶에 번영과 축복이 보상으로 주어지고 악하게 살면 멸망과 저주가 따른다는 생각이다. 특히 잠언은 이 사상을 수없이 증거한다. 구절로 직접 증거하기도 하고, 배경이 되는 신학으로 증거하기도 한다. 구절로 직접 말하는 예를(수많은 예 중에) 몇 개만 들면 다음과 같다.

대저 정직한 자는 땅에 거하며 완전한 자는 땅에

남아 있으리라 그러나 악인은 땅에서 끊어지겠고
간사한 자는 땅에서 뽑히리라 (잠 2:21-22)

여호와께서 의인의 영혼은 주리지 않게 하시나 악
인의 소욕은 물리치시느니라 (10:3)

의를[15] 굳게 지키는 자는 생명에 이르고 악을 따
르는 자는 사망에 이르느니라 (11:19)

악한 자의 집은 망하겠고 정직한 자의 장막은 흥
하리라 (14:11)

악인이 범죄하는 것은 스스로 올무가 되게 하는
것이나 의인은 노래하고 기뻐하느니라 (29:6)

실천적 지혜는 이 의의 원리를 "삶의 기술"로 가
르친다. 실천적 지혜는 하나님의 백성이 성공하는
인생을 살기 원하는데(장수, 재물, 존귀, 행복, 평안, "생명"

---

15) 개역개정이 "공의"로 번역하는 *처다카*는 "의"로 번역하는 것이 적
절하다.

등; 잠 3:16-18) 그러기 위해서는 의로운 삶을 살아야 한다고 거듭해서 강조한다. 보응의 원리는 하나님이 우주와 인간의 삶에 심어 놓으신 도덕 질서이자 세계가 운영되도록 정하신 내적 원리(built-in principle)이다. 인간은 이를 거슬러 살 생각을 해선 안 된다. 이 원리를 잘 이해하며, 이해할 뿐만 아니라 인격 속에 깊이 내재화하여 기필코 이 원리와 조화된 삶을 살아내야 한다. 그렇게 해야만 개인이 복을 받으며 나아가 사회도 건강한 선진사회로 성장하게 된다. 인간을 구속하려는 것이 아니라, 진정으로 자유로우며 책임질 줄 아는 성숙한 인간을 빚어내려 하는 것이다.

실천적 지혜는 지혜 사상의 스펙트럼으로 볼 때 정통적(orthodox) 가르침에 해당한다. 지혜 사상 전체의 표준이요 기준이 되는 가르침이다. 사색적 지혜도 실천적 지혜의 가르침에서 출발한다. 실천적 지혜의 사상을 기반으로 하여 인간의 삶의 모호성, 비일관성(비규칙성), 모순 등에 대해 고민하고 반성하는 것이 사색적 지혜이다. 한편, 시편에도 지혜 사상을 담은 시, 즉 지혜시가 여럿 나오는데 그중 실천적

지혜에 해당하는 시들은 1, 19B, 32, 37, 112, 119편
등이다.

2) 사색적 지혜[16]

사색적 지혜(speculative wisdom)는 실천적 지혜가
가르치는 보응의 원리가 지나치게 기계적으로 적용
되는 것에 대해 항의하는 지혜를 말한다. 욥기와 전
도서가 여기에 속한다. 실천적 지혜의 본래적 가치
를 부인하는 것은 아니나 변칙과 모호성이 가득한
실존 세계에 대해 하나의 단순한 법칙만을 천편일률
적으로 고집할 때 발생하는 모순과 한계에 대해 고민
하기 때문에 사색적 지혜란 이름이 붙여졌다. 인간의
삶에 대해 지나치게 낙관적으로 생각하는 태도를 비
판하기 때문에 반성적 지혜(reflective wisdom)라고도
하고, 인간의 실존에 대해 깊이 고민한다는 의미에서
실존적 지혜(existential wisdom)라 하기도 한다.

사색적 지혜는 기본적으로 실천적 지혜가 삶의
기술로 내세우는 보응의 원리에 대해 반발하는 지혜

---

16) 이에 대하여는 현창학, 『구약 지혜서 연구』 36-37을 참고.

이다. 정통적 가르침인 보응의 원리에 대해 "이단적"으로(heterodox) 질문하며 항의한다. 의롭고 바르게 살아도 고난과 불이익을 받는 수가 있고 거짓되고 악하게 살아도 형통하고 유리하게 되는 수가 있는 삶의 현실을 목도하며 의의 질서가 왜곡되는 것에 대해 심각하게 고민한다. 이것을 신정론(神正論, theodicy)의 고민이라 한다. 욥기와 전도서는 이 고민을 거듭 표출한다.

> 나는 말하기를 하나님이 온전한 자나 악한 자나
> 멸망시키신다 하나니 (욥 9:22)

> 강도의 장막은 형통하고 하나님을 진노하게 하는
> 자는 평안하니 하나님이 그의 손에 후히 주심이니
> 라 (욥 12:6)

> 하나님이 나를 억울하게 하시고 자기 그물로 나를
> 에워싸신 줄을 알아야 할지니라 보라 내가 "폭력
> 이라!" 하고 부르짖으나[17] 응답이 없고 도움을 간

---

17) 필자가 개역개정을 교정함. 개역개정에는 "보라"가 빠져서 첨가했다.

구하였으나 정의가[18] 없구나 (욥 19:6-7)

어찌하여 악인이 생존하고 장수하며 세력이 강하
냐 그들의 후손이 앞에서 그들과 함께 굳게 서고
자손이 그들의 목전에서 그러하구나 그들의 집이
평안하여 두려움이 없고 하나님의 매가 그들 위에
임하지 아니하며 (욥 21:7-9)

내 허무한 날을 사는 동안 내가 그 모든 일을 살펴
보았더니 자기의 의로움에도 불구하고 멸망하는
의인이 있고 자기의 악행에도 불구하고 장수하는
악인이 있으니 (전 7:15)

세상에서 행해지는 헛된 일이 있나니 곧 악인들의
행위에 따라 벌을 받는 의인들도 있고 의인들의
행위에 따라 상을 받는 악인들도 있다는 것이라

개역개정의 "내가 폭행을 당한다고 부르짖으나"는 원문의 직접화법
"내가 '폭력!'이라고 부르짖었다"를 간접화법으로 바꿔버린 것이다.
이 경우 간접화법은 시의 힘을 현저히 약화시키므로 원래대로 직접
화법을 복원시켰다.

18) 개역개정 "정의"는 여기서 *미쉬파트*에 대한 적절한 번역이다.

내가 이르노니 이것도 헛되도다 (전 8:14)

모든 사람에게 임하는 그 모든 것이 일반이라 의
인과 악인, 선한 자와 깨끗한 자와 깨끗하지 아니
한 자, 제사를 드리는 자와 제사를 드리지 아니하
는 자에게 일어나는 일들이 모두 일반이니 선인과
죄인, 맹세하는 자와 맹세하기를 무서워하는 자가
일반이로다 (전 9:2)

내가 다시 해 아래에서 보니 빠른 경주자들이라고
선착하는 것이 아니며 용사들이라고 전쟁에 승리
하는 것이 아니며 지혜자들이라고 음식물을 얻는
것도 아니며 명철자들이라고 재물을 얻는 것도 아
니며 지식인들이라고 은총을 입는 것이 아니니 이
는 시기와 기회는 그들 모두에게 임함이니라 분명
히 사람은 자기의 시기도 알지 못하나니 물고기들
이 재난의 그물에 걸리고 새들이 올무에 걸림 같
이 인생들도 재앙의 날이 그들에게 홀연히 임하면
거기에 걸리느니라 (전 9:11-12)

신정론의 고민은 비단 지혜서에만(욥기, 전도서) 특정되는 것은 아니다. 사실상 이 고민은 구약의 모든 저자들에게서 공통적으로 발견되는 현상이다. 선지서에도 이 고민이 많이 나온다. 다음의 예를 보자.

그러나 내가 주께 질문하옵나니 악한 자의 길이 형통하며 패역한 자가 다 평안함은 무슨 까닭이니이까 (렘 12:1)

어찌하여 거짓된 자를 방관하시며 악인이 자기보다 의로운 사람을 삼키는데도 잠잠하시나이까 (합 1:13)

신정론의 질문(사색적 지혜)은 때로는 너무 부정적이고 너무 과격해서 과연 이것이 신앙적 질문이 될 수 있나 싶을 정도로 위태하고 위험하게까지 느껴진다. 하지만 이 질문은 이스라엘이 하나님에 대해 바른 지식을 얻어 가는 길에 있어 반드시 거쳐야 했던 신앙의 필수 불가결적 과정이었다. 하나님은 인간이 단순하게 생각하는 대로 사람의 법칙이나 계산 속에 구속되거나 제약되는 분이 아니시다. 인간의 상상과 통제를 넘어서는 영역의 경륜적 신비를 지니신 분이시다. 삶과 역사의 말할 수 없는 고통 속에서 이스라엘은 그 고통을 이기기 위해 하나님의 정의에 대해 수없이 질문했다. 처음에는 고통에 대한 반작용으로(reactive) 질문을 시작했겠지만, 이내 그것은 자신들의 파악 능력으로는 이를 수 없는 하나님과 하나님의 경륜의 깊이에 대해 참되게 배우게 해주는 생산적인(productive) 과정이 되었다. 단순한 반항이거나 질문을 위한 질문이 아니었다. 인간의 능력이 닿지 않는 영역에 대해 신앙적 해법을 구한 것이다. 사색적 지혜는 낭비된 질문이 아니다. 이스라엘이 하나님의 크심과 그분의 헤아릴 수 없는 경륜의 깊이에 대해 알아간 신앙의 정상적 과정이다. 실천적 지혜처럼 사색적 지혜도 시편 기자들의 사상 속에 깊이 스며 있다. 사색적 지혜의 요소를 띤 시편들로는 37, 49, 73, 139편 등이 있다.

이상과 같이 지혜서를 두 가지의 지혜로 분류해 보았다. 실천적 지혜인 잠언은 보응의 원리란 도덕

질서를 상기시키며 인간으로 하여금 (특히 젊은이) 의로운 삶을 살 것을 부단히 강조한다. 지혜의 정통 사상을 표현한 것으로 인간이 바른 삶을 살아서 자신의 삶이 기필코 성공적인 것이 되도록 해야 한다고 강력히 권고한다. 어떤 형편에 처해 있어도 "바른 선택"을(right choices) 하는 것이 중요하다. 그것이 궁극적인 성공의 길이며 또한 인간이 사는 의미이다. 잠언은 특히 젊은이를 교육 대상으로 한다. 잠언은 젊은이들이 이끌게 될 미래의 사회가 (하나님의) 의로 충만한 사회가 될 것을 기대하는 염원을 품는다.[19] 젊은이들을 거짓과 사곡(邪曲)이 없는 바른 인격으로 교육함으로 그들이 이끄는 세상이 불의와 악이 사라진 건강한 의의 세계가 되게 하려는 것이다. 그러므로 잠언은 한 편으로는 인격 훈련서이며, 다른 한 편으로는 사회정신의 배양을 지향하는 사회사상서이다. 진정으로 자유하고 복된 인간이 되게 하는 성숙한 인격의 함양, 바르고 건전하며 강한 선진사회를 가능케 하는 사회정신의 확립, 이 두 가지가 잠언이

---

19) 마태복음의 "너희는 먼저 그의 나라와 그의 의를 구하라"는 말씀은 (6:33) 잠언과 구약의 사회적 이상을 표현한 말씀이라 할 수 있다.

추구하는 이상이다.

사색적 지혜인 욥기와 전도서는 정통 지혜 사상이 기대하는 도덕 질서가 정상적으로 작동하지 않는 것에 대한 고민이다. 의로우신 하나님이 다스리시는 우주는 의의 법칙, 즉 보응의 원리에 의해 운영되어야 마땅하다. 그러나 실제 삶과 역사의 현실은 그렇지 않은 경우가 너무 많다. 의인이 곤경과 낭패를 당하고 악인이 형통하며 흥왕한다. 연약한 민족이나 국가는 강대국의 먹잇감이 되어 인명을 포함해 많은 것을 수탈당하는 곤경에 처하는데 가해자인 강대국은 일로 번창하고 승승장구하며 세계무대에서 큰 소리를 치며 자신들 중심의 질서를 구축해 나간다. 연약한 자들의 억울함은 호소할 데가 없다. 들어줄 이도 없으며 그것을 해소해 줄 기구는 더욱 없다. 과연 하나님의 의의 질서란 것이 존재하는가. 가치가 거꾸로 선 것 같은 혼란과 혼돈의 세상인데 과연 의를 장려하고 악을 억제하는 도덕 법칙이 작동하고 있다고 할 수 있는가.

구약성경은 "의"의 문제에 과도할 정도로 깊고 큰 관심을 보이는 책이다. 산문 본문이건 시 본문이건 구약성경 어디서나 의에 대한 관심을 찾을 수 있다. 성경을 진지하게 읽어본 독자라면 누구나 느끼겠지만 구약성경에는 의(또는 공의)라는 말이 셀 수 없이 많이 나오며 의라는 말이 쓰이지 않는 곳에서도 그것에 대한 관심은 식을 줄 모르고 집요하게 지속적으로 표출되고 있음이 드러난다. 이스라엘의 신앙은 의를 믿는 신앙인 것이다. 이스라엘에게 하나님을 믿는다는 것은 곧 그의 의를 믿는 것이었다. 의를 믿지 않는 여호와 하나님 신앙이란 존재하지 않았다. 하나님은 의로운 분이시며 의로 우주를 다스리는 분이시다. 그러므로 하나님이 지으시고 이스라엘이 살도록 허락된 이 세계는 반드시 의라는 질서로 통제되고 운영되어야 한다. 이처럼 이스라엘의 신앙은 세계의 도덕질서, 즉 의의 당위를 믿는 신앙이었다. 따라서 이스라엘은 자신과 자신의 주변에서 의의 질서가 작동되지 않는 것을 목도할 때마다 상당한 고통, 번민과 더불어 신앙에 큰 도전을 겪어야 했다. 하나님은 과연 존재하시는가, 존재하신다면 의로우신가, 의로우시다면 그 의를 시행할 능력이 있으신가 등 온갖 (위험한) 신학적 질문들이 그들의 신앙 양심을 흔들었다. 하나님이 계시다면, 하나님이 우주를 다스리고 계시다면 이와 같은 무질서와 혼란은 용인될 수 없을 것이기 때문이다. 욥기와 전도서는 이러한 이스라엘의 양심의 고통과 믿음의 위기를 술회한 책이다.[20]

하나님은 사람이 기대하는 것처럼 우주를 "계산적으로" 운영하는 분이 아니시다. 인간의 계산적 지혜로는(nachrechnende Weisheit)[21] 하나님의 우주와 역사 운영을 가늠할 수 없다는 말이다. 우주의 도덕질서인 보응의 원리가 틀렸다는 말이 아니다. 그것은 그것대로 세계의 기본 질서로 영원히 있다. 다만 우주와 역사를 운영하시는 하나님의 실제적인 경륜은 인간의 지혜의 한계 안에 갇히지 않는다는 말이다. 하나님은 사람의 생각이 미칠 수 없는 신비의 영역을 가지고 계시며 이 영역에서 세계를 운영하신다.

---

20) 사실 의의 부재로 인한 무질서에 대한 고민은 욥기, 전도서만의 전유물은 아니다. 구약 전체가 이 고민에 시달린다. 구약은 산문, 시 할 것 없이 어디서나 이 고민을 토론한다. 욥기와 전도서는 이러한 구약 전체의 고민을 대표해 그것을 집약적으로 말하는 것이라 해야 할 것이다.

21) 이 용어에 대해서는 Walther Zimmerli, 『구약신학』, 김정준 옮김 (서울: 한국신학연구소, 1976), 216을 참고할 것.

기대했던 도덕질서가 예상대로 확인되지 않음을 통해서 이스라엘은 오히려 하나님의 인간의 이해를 넘어서는 지혜를 배우게 된다. 의의 질서, 즉 보응의 원리가 여전히 중요한 세계의 질서임에도 불구하고 하나님이 실제로 세계를 운영하는 방식은 인간의 이해를 초월한다. 하나님은 인간의 인지와 통제 능력 위에서(above), 그리고 그것들을 넘어서(beyond) 우주를 운영하신다. 하나님의 '자유'이다. 이스라엘은 삶의(그리고 역사의) 말할 수 없는 고통스러운 과정을 통해 이 자유에 대해 배워 나가야 했다.

빌 게이츠가 어느 고등학교 졸업식에서 축사를 하면서 이제 막 세상을 향해 첫걸음을 내딛는 졸업생들에게 두 가지 인생의 중요한 교훈을 주었다 한다. 첫째, 지금 도서관에 앉아 있는 네 친구를 비웃지 마라. 왜냐하면 언젠가 그가 너의 직장 상사가 되어 있을지도 모르니까. 둘째, 세상은 항상 공정치 않다는 사실에 익숙해지도록 하라. 세상은 마땅히 있어야 할 것으로 기대한 '정의'가 제대로 작동하지 않는 것 같은 경우를 많이 보여주기 때문에. 빌 게이츠가 우리가 앞에서 분류한 두 가지 지혜에 대해 학습

하고 강연을 했는지 확인할 길은 없다. 하지만 그의 교훈은 공교롭게도 우리가 분류한 두 지혜와 정확히 일치한다. 첫 번째 교훈은 정직과 성실을 장려하는 실천적 지혜이고, 두 번째 교훈은 의의 부재 상황에 대해 당황하지 말고 마음으로 준비할 것을 조언하는 사색적 지혜인 것이다. 우리의 두 지혜 범주 구분은 단순히 학문적 유희를 위한 것이 아니다. 그것은 인간이 실제 삶을 살아가며 맞닥뜨리는 현실이며, 또 그 현실을 지배하는 원리이다. 마땅히 의롭고 성실하게 살아야 한다. 그것만이 진정한 성공의 비결이다. 바르고 성실한 삶의 자세는 인간의 삶의 내용, 질뿐 아니라 결과를 결정하는 중요한 가치인 것이다. 어떻게 사느냐 하는 것이 사는 것 자체보다 중요하다고 말하게 되는 것은 이런 이유에서다. 그러나 한편 모순과 불합리가 가득한 세상을 견뎌내는 마음의 준비도 필요하다. 바른 삶이라고 해서 반드시 정당한 보상을 받는 것이 아니다. 오히려 그 반대가 될 수도 있다. 당장 당장 이해되지 않는 일들이 거듭 일어나는 것이 우리의 삶의 현실이다. 당황하거나 좌절하지 않아야 한다. 그 현실을 붙들고 '싸우지' 않아야 한다.[22] 모순과 부조리라는 삶의 현실에 '익숙해지는' 지혜가 필요하다. 그것이 "사랑스럽지 않은 현실에 대처하여"(to cope with unlovely realities) 다치지 않고 생을 살아가는 비결이다. 또한 우리는 이처럼 '계산'이 서지 않는 삶의 현실을 살아가면서 오히려 놀랍게도 하나님의 경륜의 깊은 것, 하나님의 지혜의 다다를 수 없는 깊은 것에 대해 조금씩 조금씩 익혀나가게 된다. 우리가 살아내지 않으면 안 되는 부조리한 삶의 현실, 그것은 하나님의 크심을 배우는 학교에 다름 아니다.

---

22) 필자는 의의 부재라는 현실을 바라보는 전도서의 지혜를 '싸움을 포기하라, 물러서라, 그리고 받아들이라!'라는 말로 표현한 적이 있다. 현창학, 『구약 지혜서 연구』, 172.

제2장

잠언

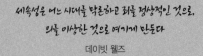

세속성은 어느 시대를 막론하고 죄를 정상적인 것으로,
의를 이상한 것으로 여기게 만든다

데이빗 웰즈

잠언은 무슨 책인가. 가장 단순하게 말하면 잠언은 바른 생활을 가르치는 책이다. "의" 또는 "의로운 생활"이라는 가치를 젊은이들에게 가르쳐 그것이 그들의 의식과 삶의 방식(modus vivendi)이 되게 하려 한다. 젊은이의 삶의 방식이 의로운 생활(바른 생활)이 될 때 그의 인생은 참되게 성공적인 것이 되기 때문이다.

바른 생활이란 한국의 경우 초등학교 때부터 아이들에게 가르치는 교과 과목이다. 그러나 고등교육까지 마친 식자들이라 하더라도 바른 생활이란 것이 그들의 삶에 가치와 행동 양식으로 깊이 뿌리 내렸다고 단언하기는 어려울 것 같다. 학교 교육은 그저 '행하면 좋은' 당위 정도를 주입했지 그것을 진정한 삶의 방식이 되게 강하고 충분한 동기로 가르쳐내지 못하기 때문이다. 성경을 손에 든 그리스도인들은 다르다. 바른 생활이란 하나님 말씀(특히 잠언)이 명하는 바이기 때문이다. 성경은(특히 잠언) 하나님을 두려워하는 것을 지혜라 말한다(잠 1:7; 9:10). 그리스 도인들은 '하나님 두려워함'이란 강력한 동기를 가지고 살아간다. 바른 생활, 의로운 생활이란 이제 더 이상 행하면 좋고 안 해도 그만인 '낭만적' 가치가 아니라 반드시 행해야만 하고 그렇게 행할 때만 하나님이 허락하시는 복을 누릴 수 있는 절체절명적 삶의 요소인 것이다. 하나님은 의롭고 바르게 사는 삶은 번영과 축복을 받고, 악하고 거짓되게 살면 멸망과 저주를 받게 되는 소위 보응의 원리라는 도덕 질서로 우주를 운영하신다.[1] 그리스도인은 이 지식을 가지고 두려운 마음으로 삶을 영위하기 때문에 바른 생활에 대해 구체적으로 동기가 부여된 사람들이라 할 수 있다. 우리는 바른 삶, 의로운 삶을 우리 생활에 구현하므로 개인적으로도 복을 받고 "산 위의 동네"로서 세계의 등불이 되는 사회를 이루어내야 한다.

현대는 인간이 살아가는 기준 따위 같은 것에 굳이 관심을 가지려 하지 않는 시대이다. 즉, 의나 의

---

1) 참고: 현창학, 『구약 지혜서 연구』(수원: 합신대학원출판부, 2009), 35.

로운 생활이라는 것에 대해 관심도 없거니와 그것에 대해 아예 감각 자체가 죽어 버린 시대 같다. 무엇이든 결과만 내면 과정이나 방법의 정당성 따위는 문제가 되지 않는다. 옳지 않은 수단들이 효과를 보게 되면 오히려 그것들이 현명한 것으로 생각된다. 눈앞의 안전, 쾌락, 성공 따위가 과도하게 현대인의 가치를 지배하고 있어서 삶의 전 과정을 지배하는 도덕성 같은 것은 사람들의 생각 속에 차지할 자리가 없다. 하지만 아무리 시대가 가치나 기준 따위를 상실한 때라 하더라도 하나님이 우주를 운영하시는 원리는 변함이 없고 그것의 집행은 예나 지금이나 엄중하기 짝이 없는 것이다. 성경 말씀이 영원한 진리인 것처럼 의와 보응의 원리라는 도덕질서 또한 영원한 진리이다. 하나님이 운영하시는 도덕질서를 무시하고는 결코 좋은 미래를 보장받을 수 없다. 잠언이 가르치는 삶의 원리는 현대인을 위한 참된 성공의 법칙이며 미래 사회가 건강한 선진 사회가 되도록 하는 비결이다. 잠언은 젊은이 한 사람 한 사람을 위한 인생 교과서요, 더불어 사회를 이루어 살아가는 우리 모두에게는 건강하고 성숙한 미래를 열기 위한 사회 교육서가 되는 것이다.

책의 구조를 살피면서 잠언의 성격을 찬찬히 음미하기로 하자.

1. 잠언의 구조

잠언은 책 전체의 제목 부분(1:1-7)을 제외하고 총 8개의 부분(컬렉션)으로 구성되어 있다.[2]

제목 (1:1-7)

I. "아들"을 향한 권면 (1:8-9:18)

II. 솔로몬의 금언 모음 1 (10:1-22:16)

III. 지혜자들의 말씀 모음 1 (22:17-24:22)

IV. 지혜자들의 말씀 모음 2 (24;23-34)

V. 솔로몬의 금언 모음 2 (히스기야 왕의 모음) (25:1-29:27)

VI. 야게의 아들 아굴의 말 모음 (30:1-33)

---

2) 잠언의 구조에 대해서는 대체적으로 현창학, 『구약 지혜서 연구』, 66-84 를 따른다.

책 전체의 제목은 1:1 "솔로몬의 잠언이라"에서 시작하여 책의 모토인 1:7 "여호와를 경외하는 것이 지식의 근본이거늘 미련한 자는 지혜와 훈계를 멸시하느니라"까지로 본다. 그리고 본체는 Ⅰ.에서 Ⅷ.까지 8개의 부분으로 이루어진다. Ⅰ. "아들"을 향한 권면은 2인칭 명령법 형태인 훈계로(Admonition) 되어 있다(교훈[Instruction]이라 부르기도 한다). 10장에서 29장 즉, Ⅱ.에서 Ⅴ.까지의 두 개의 솔로몬의 금언 모음과 2개의 지혜자들의 말씀 모음은 주로 3인칭 직설법 진술인 금언(Saying)으로 되어 있다. 물론 10-29장에는 금언이 주 장르이긴 하지만 훈계도 적잖이 들어 있는 것이 사실이다. Ⅵ. 아굴의 말 모음은 어떤 공통된 성격의 항목들을 열거하는 방식인 숫자금언들로(Numerical Sayings) 되어 있다. Ⅶ. 르무엘 왕의 말 모음은 Ⅰ.처럼 훈계로 되어 있다. 마지막 부분 Ⅷ. 이상적 아내에 대한 시는 하나의 지혜시로(Wisdom Poem) 되어 있는데 하나의 주제("이상적 아내")를 다루는 긴 시이다.

2. 1-9장: "아들"을 향한 권면

　II.에서 V.까지의 모음들은 개별 금언이나 교훈들을 모아 놓은 것이다. 어떤 뚜렷한 편집 원칙 없이 무작위 방식에 가깝게 금언들이 수집되었다. 그런데 I. "아들"을 향한 권면(1:8-9:18)은 어떤 '계획'을 가지고 전체가 구성된 것으로 생각된다. 15개 정도의 강의를(Lectures) 확인할 수 있고 각 강의들도 일정한 양식을 가지고 작성된 것으로 보이기 때문이다. 15개의 강의는 크게 두 가지 범주로 나누어진다. 강사가 둘이 등장하기 때문이다. "아버지"가 한 강사이고, "지혜(지혜숙녀)"가 다른 강사이다. 그래서 아버지의 강의와 지혜의 강의 두 종류의 강의로 구분할 수 있다. 아버지의 강의가 12개, 지혜의 강의가 3개로 나타난다. 다음의 표와 같이 정리할 수 있다.[3]

---

3) 필자는 『구약 지혜서 연구』(67-70쪽)에서 강의를 주 강의(main lectures)와 특강(special lectures) 두 범주로 나누었었는데 본서에서는 입장을 조금 바꿔 아버지의 강의와 지혜의 강의 두 범주로 구분하고

〈아버지의 강의〉

〈지혜의 강의〉

자 한다.

1) 아버지의 강의

아버지의 첫 강의는 1:8-19 불의의 패거리이다. 여기에는 두 가지 교훈이 합쳐져 있다 할 수 있다. 하나는 악을 행하지 말라는 것이요, 다른 하나는 그 악을 위해 무리를 짓지 말라는 것이다. 위대한 정신 교육서 잠언이 거창한 화두 대신 무리지어 악을 행하지 말라는 평범하기 그지없는 교훈으로 책을 시작하는 것이 의미심장하다. 아마 '무리지어 악을 행하는' 이 행태만 해결된다면 인간 사회는 심각한 문제가 거의 사라진 유토피아와 같은 곳이 될 것이다. 언제나 인간은 욕심 때문에 불의에 손을 대는 존재이고, 따라서 그 목적을 위해 '자기 편'을 규합하는 존재이다. 사회의 어느 구석에서나 일어나는 일이다. 국가가 그렇고 지역사회가 그렇고 여러 사회 기구가 그렇다. 교계나 교계의 여러 기구도 결코 예외가 아니다. 종교란 이름으로, 그럴듯한 표면 논리를 앞세워 그 일을 자행하기 때문에 위선의 죄까지 더한다 할 것이다.

불의는 단순히 자신의 이익만 채우는 행위가 아

니다. 다른 무고한 사람을 희생시키는 것이다. "죄 없는 자"의 "피"를 흘려(11절) 불의한 이익이 생산된 다.[4] 세상의 그룹들이라는 것은 같은 이상의 추구라 든지 상부상조의 정신이라든지, 하다못해 친목 도모 따위의 그럴듯한 명분을 내세우지만 사실은 자신들 의 사익 추구를 위한 "패거리"일 때가 많다. 공익에 봉사해야 단체 존립의 목적에 맞는 것인데 대개의 경우 폐쇄적으로 그룹에 속하지 않은 사람들을 소외

---

4) 동양의 고전들도 "의"를 중시하는 것을 눈여겨 볼 필요가 있다. 논어 (論語) 헌문편(憲問篇)에 "견리사의"(見利思義)란 말이 나온다. 이익 을 얻을 수 있는 일을 보게 될 때 그것이 의로운 것인지 먼저 생각하라 는 것이다. 이익이라면 수단의 정당성을 문제 삼지 않고 무조건 달려드 는 인간의 속성을 간파한 말이다. 논어(論語) 자장편(子張篇)에도 비슷 한 말이 나온다. "견득사의"(見得思義)이다. 이득을 얻을 일이 생기면 그것이 의로운 것인지 먼저 따져보라는 것이다. 맹자(孟子)는 책 첫 편 의 첫 장을 의에 대한 교훈으로 채운다. 양혜왕 상편(梁惠王 上篇) 첫 장은 맹자가 양혜왕이 이익에만 관심을 갖는 것을 보고 임금이 이익만 추구하면 오히려 나라가 위태해질 수밖에 없으니 마땅히 의(義)(또는 인의[仁義])를 추구해 나라의 참된 안정과 발전을 도모해야 한다고 교 훈하는 내용이다. 임금이 이익을 추구하면 신하와 모든 백성이 덩달아 이익만을 추구하여 반역이 쉬지 않고 따라서 나라는 불안정해져 망할 수밖에 없으니 임금은 오직 인의(仁義)를 말하고 이(利)를 말해서는 안 된다고 훈계한다(王亦曰仁義而已矣, 何必曰利?). 그리고 이렇게 덧붙 인다. "인하면서 그 어버이를 버리는 자가 있을 수 없고, 의로우면서 그 임금을 뒤로 미루는 자가 있을 수 없다"(未有仁而遺其親者也, 未有義 而後其君者也). 대학(大學)은 책의 가장 마지막을 의를 강조하는 문장 으로 장식한다: "나라는 이익으로 이익을 이루려 하지 말고, 의로써 이 익을 이루려 해야 한다"(國, 不以利爲利, 以義爲利也).

시키고 뭉쳐진 힘을 이용해 자신들의 사욕을 채우며 불의를 정당화한다.

결과는 어떠한가. "자기의 피를 흘릴 뿐이요," "자기의 생명을 해할 뿐이다"(18). 잠언은 첫 교훈부터 보응의 원리를 엄중히 선포한다. "불의한 이익을 [5] 탐하는 모든 자의 길이 그러하다!"(19). 불의가 심판을 받는 것은 그럴 수도 있고 그렇지 않을 수도 있는 것이 아니라 항상 그러한 일반법칙이라 한다. 우주의 도덕질서가 엄중하게 선포되고 있다. 하나님을 두려워하는 것만큼 인간에게 중요한 삶의 태도는 없다. 온전히 의로우신 하나님 앞에 인간의 잔꾀는 다 허튼 수작일 뿐이다. 설령 곤경 중이라 하더라도 의를 실천코자 하는 의연한 결단이 소중하다. 하나님의 백성의 의는 최상의 가치를 가지는 것이고 하나님은 이를 소중하게 간직하시며 결국 이에 대해 큰 상을 주신다.

아버지의 두 번째 강의는 2:1-22 지혜의 길이다. 지혜에 귀를 기울이고 지혜를 찾아 구하라는 "아버

---

5) 개역개정이 "이익"이라고 번역하는 *베차*(*bṣ'*)는 단순한 이익이 아니라 "불의한 이익"(unjust gain, gain by violence)이라는 의미이다.

지"의 권면이 간곡하기 그지없다. 그만큼 인생에 지혜란 중요한 것이다. 재물, 학벌, 기예, 지위 따위를 물려주는 것보다 지혜를 찾아 얻게 하는 것이 자식에게 가장 큰 삶의 자원을 갖춰 주는 일이다.

지혜를 구하면 하나님(또는 하나님 경외)을 얻게 되고 하나님을 얻게 되면 그 하나님이 다시 지혜를 주신다. 하나님과 지혜의 선순환이다. 하나님과 지혜가 동등시 될 정도로 지혜가 높이 평가된다. 잠언은 지혜를 하나님과 거의 동일시함으로 지혜를 극상의 존재로 말하기도 한다. '지혜의 강의'들이 특히 그러하다. 1:20-33, 8:1-36, 9:1-12에서 지혜는 "계시의 중계자요, 하나님의 목소리요, 심지어 하나님 자신처럼"[6] 묘사된다.

두 번째 강의는 지혜는 곧 의라는 사상을 가장 두드러지게 표명하는 강의이다. 지혜는 의(righteousness)와 공의(justice)와 올바름(uprightness)이다.[7] 모든

---

6) 현창학, 『구약 지혜서 연구』, 31.

7) 개역개정 "공의와 정의와 정직"은 "의와 공의와 올바름"이 정확한 번역이다. "의와 공의와 올바름"은 1:3에 나오고 2:9에 다시 반복되는 잠언의 핵심구(key phrase)이다. 1:3에서는 잠언 전체의 교육 목표를 표현하는 말로 쓰였다.

선한 길이다(9절). 지혜는 인생으로 바른 길을 가도록 한다.[8] "선한 자들의 길," "의인들의 길"을 가게 한다(20). "의인은 보존되고 악인은 망하는" 엄중한 도덕질서가 지혜이다(21-22).

세 번째 강의는(3:1-10) 지혜를 율법과 계명을 지키는 것으로 보다 구체화하여 말한다.[9] 또한 하나님만 의지하는 경건을 지혜라고 말한다. 율법에 순종하는 것이든 하나님을 의뢰하는 것이든 모두 "복"을 불러오는 지혜이다.

네 번째 강의는(3:11-20) 지혜의 지고한 가치에 대해 말한다. 지혜는 사람을 연단한다(11-12절). 지혜는 금은보화보다 귀하고[10] 복되어 인간에게 장수, 부,

---

8) "길"은 이 강의의 핵심어(keyword)이다. 이 강의에만 11번 등장한다. 물론 히브리어로는 세 단어가 쓰이고 있다. 데렉(drk)(4회), 오라흐(᾿rh)(5회), 마아갈(mʻgl)(2회) 등인데 변화를 위해 세 단어를 바꿔가며 쓰지만 모두 인간이 선택해야 하는 삶의 경로 또는 방향이라는 동일한 의미를 가지고 있다.

9) "나의 법," "나의 계명(개역개정 "명령")"은 아버지의 개인적인 가르침(teaching), 개인적인 명령(commands)일 수도 있지만(현대역 NASB, NRSV, NIV 등이 그렇게 이해함), 아버지 자신이 순종하여 복을 받은 경험이 있는 하나님의 율법과 계명을 의미할 수 있다.

10) 구약성경은 어떤 것이 매우 값지다는 것을 말하기 위해 종종 그것을 여러 보석에 비유한다(참고: 욥 28장; 겔 27장).

영광,[11] 그리고 즐거움, 평강을 가져다준다. 종합하여 지혜는 "생명나무"이다!(13-18). "생명나무"는 구약에서 지고의 복을 상징하는 것이므로(참고: 창 2:9; 3:22, 24) 넷째 강의는 지혜를 우주에서 가장 값지고 귀한 것으로 노래하고 있다. 더 나아가 지혜는 우주론적 가치를 지닌다. 하나님이 우주를 창조하시고 다스리시는 기초와 기반이 바로 지혜이다(19-20). 지혜는 우주 운영의 원리이다.

다섯 번째 강의는(3:21-35) 지혜를 지키되 하나님만 두려워하고 아무것도 두려워하지 말 것과, 필요한 이웃에게 선을 베푸는 일에 인색하지 말 것을 권한다. 지혜는 생명이 되며, 안전과[12] 단 잠을 가져다준다. 지혜(의)의 삶은 하나님의 복을 받는다. 3:33은 잠언에서 2:21-22과 더불어 보응의 원리를 가르치는 가장 대표적인 구절이다: "악인의 집에는 여호와의 저주가 있거니와 의인의 집에는 복이 있느니라."

---

11) 개역개정 "부귀"는 한 항목처럼 들리는 위험이 있다. 부와 영광 두 항목이므로 나눠 번역하는 것이 옳다.

12) 개역개정 "평안히"는(23절) "안전히"가 정확한 번역이다.

여섯 번째 강의는(4:1-9) 강의 전체가 지혜를 얻으라(사라)는 (강력한) 권면이다. 특히 "지혜를 얻으라. 명철을 얻으라."는 말씀이 5절과 7절에 두 번 반복된다. "얻다"(acquire)로 번역되는 *카나(qnh)*는 기본적으로는 "사다"(buy)라는 의미이다.[13] 어떤 값을 지불해서라도 지혜는 반드시 얻어야 한다. 어떤 희생을 치르더라도 쟁취해야 할 만큼 인생에 지혜가 중요하다.

일곱 번째 강의는(4:10-19) 올바른 길에 대한 교훈이다. "지혜의 길"은[14] 곧 "올바른 길"이다(11절).[15] 두 번째 강의처럼 일곱 째 강의도 "길"이 핵심어이다. 열 개의 절 안에 "길"이 여섯 번 나온다.[16] "길"은 인간이 살아가면서 선택해야 하는 삶의 경로요 방

---

13) 참고: HALOT, 1112-13.

14) 개역개정 "지혜로운 길"은 수식하는 명사를 그대로 살려 "지혜의 길"로 하는 게 좋을 것같다. 여기서 "지혜"는 길의 성격을 의미하지 않고 길의 내용을 의미한다.

15) 요쉘(yšr)은 개역개정 "정직"(honesty)보다는 "올바름"(uprightness)으로 옮기는 것이 나을 것이다(참고: 2:9). "곧은 길"로 해도 괜찮을 것이다.

16) 두 번째 강의에서처럼 데렉(drk)(3회), 오라흐('rh)(2회), 마아갈(m'gl)(1회) 등 세 단어가 기용됨.

향이다. 인생에 올바른 길을 선택하는 것처럼 중요한 것은 없다. 올바른 길을 선택할 때만 인간은 실패 없이 성공적인 "빛나는" 생을 도모할 수 있다(18-19).[17] 사욕(私慾), 사욕(邪慾)을 위해 무리지어 악을 도모하는 일을 피하는 것이 올바른 길로의 선택이다.

일곱 번째 강의를 "올바른 길"이라 이름한다면 여덟 번째 강의는(4:20-27) "올바른 행동"이라 제목을 붙일 수 있겠다. 일곱째 강의가 바른 삶에 대한 다소 일반적이고 원리적인 강의라면 여덟째는 그것을 실천하는 구체적인 행동들에 관한 강의이기 때문이다. 인간의 삶과 인격이 드러나는 신체 기관 넷이 거론된다. "심장(마음),""입(말),""눈,""발" 들이다(23-27절). 이 넷은 바르게 쓰면 선행의 도구가 되고 그릇 쓰면 범죄의 도구가 되는 도덕적으로 아주 예민한 기관들이다. 이 네 기관을 잘 관리하여 범죄의 소지를 될 수 있는 한 제거해 나가는 것이 온전한 인격으로의 성장이다. 가장 중요한 것이 마음이다. 그래서 우선적으로 "모든 지킬만한 것보다 더욱 네 마음을

---

17) 옳고 바른 길은 이처럼 중요한 것이어서 1-9장의 강의들은 바로 이 주제 하나를 쉼 없이 강조한다.

지키라"고(23)[18] 한다. 마음은 존재의 본질이다. "만물보다 거짓되고 심히 부패한 것은 마음이라"고 한 것은(렘 17:9) 인간이 전적으로 부패한 존재임을 시사하는 말이다. 마음은 인간 존재의 근본이요 이 존재의 구원을 위한 가장 핵심적인 요소이기 때문에 구속사의 최고 이정표인 새언약은 다른 무엇보다 "마음의 변화"에 초점을 맞춘다(렘 31:33). 다음은 말이다. 마음의 생각은 말로 표출된다. 인격이 구체적으로 드러나는 자리가 말인 것이다. "구부러진 말"과 "비뚤어진 말"을 멀리하라고 말씀한다(24). 말의 왜곡은 인격의 왜곡이다. 상스러운 말, 거짓된 말, 남을 해하려는 말, 허세를 부리는 말, 적절치 않는 목적으로 연막을 치는 말, 과장하는 말 등등, 말의 왜곡은 헤아릴 수 없이 많다. 야고보서는 이런 말의 폐해를 가리켜 "쉬지 아니하는 악"이요 "죽이는 독"이라 맹렬히 질타한다(약 3:8). 어거스틴의 말처럼 입에 세 개의 대문을 세워 말을 지켜야 한다. 첫째, 필요

---

18) 개역개정 대신 개역한글을 인용한다. 개역한글 "지킬만한 것보다"가 개역개정 "지킬만한 것 중에"보다 정확한 번역이다. 이 두 한글 번역은 어떤 영역보다 훌륭하다.

한 말인가? 둘째 다른 사람에게 유익이 되는 말인가? 셋째 하나님께 영광이 되는 말인가? 이 세 문을 단단히 세워 놓고 할 수 있으면 말수를 줄이는 것이 온전한 인격을 향해 자신의 성품을 훈련하는 길이다.[19] 눈은 정보를 수집하고 지식을 획득하는 통로이다. 어떤 정보를 얻고 어떤 지식을 축적하느냐가 인격의 내용이 된다. 여기저기 기웃거림 없이 곧바로 앞을 보아야 한다. 보아야 할 것을 보아야 하고 보지 않아야 할 것은 보지 않아야 한다. 마지막으로 발은 인격의 열매인 행동 전체를 상징한다. 인간에게 궁극적으로 중요한 것은 바른 행동이다. 생각하고 말하고 보는 것을 바로 하여 바른 행동이 연출되도록 삶을 관리해야 한다. 좌로 우로 치우치지 않고 악행을 피해야 한다(27). 원칙이 아닌 일에 기웃대지 말고 정도를 가고자 해야 한다. 잔수, 꼼수 등 요령을 피우는 일은 대도(大道), 정도(正道)에 반하는 것으

---

19) 야고보서는 말에 실수가 없으면 온전한 인격자라 말한다(3:2). 잠언 10-29장의 금언을 다 조사해 보면(다음 항 3. 참고) 지혜와 우매를 언급하는 금언이 가장 많고, 그 다음이 의와 불의를 다루는 금언이고, 세 번째로 많은 것이 말에 대한 금언이다. 그만큼 말은 인간의 인격 형성(character formation)에 중요한 요소임을 알 수 있다.

로 신앙인이 취할 태도가 아니다. 결과를 얻는 데 시간이 걸리더라도 바른 길을 선택해 궁극적으로 성공에 이르도록 하는 것이 지혜이다. 이상과 같이 사람의 인격은 마음, 입, 눈, 발 네 기관을 훈련하기에 달렸다. 인격이 구비되면 성공과 행복은 이어 따르게 되어 있다. 인격의 연마 없이 얻어지는 성공이나 행복은 하나님이 다스리는 세계에는 존재하지 않는다. 의의 (도덕) 법칙이 씨줄과 날줄로 인간의 삶과 역사를 지배하기 때문이다. 진지하고 정성스럽게 삶을 관리하는 철두철미한 "헌신"(commitment)만이 진정한 성공으로 향하는 열쇠이다.

첫 번째부터 여덟 번째 강의까지는 지혜, 즉 바른 생활에 대한 원리적인 강의였다. 지혜는 의(의로운 생활)를 의미한다는 것을 말했고, 인간에게 가장 중요한 것은 의로운 생활이며 의로운 생활에는 하나님의 보상이 따른다는 것을 강의했다. 이 여덟 강의 전체를 한 마디로 요약하면 "지혜를 얻으라, 바른 길을 가라"가 될 것이다. 이 요약은 곧 잠언의 개요요 지혜 사상의 요체라 할 수 있다. 이제 아홉 번째 강의부터는 매우 구체적이고 실제적인 교훈이 전개

된다(이 구체성, 실제성은 아마 여덟 번째 강의에 이미 그 전조가 나타났다고 할 수 있다). 이 "실제적" 강의들은 (놀랍게도) 열 번째 강의("네 가지 죄에 대한 경고")를 제외하고는 모두 음란한 이성을 주의하라는 내용이다. 젊은 이가 생을 살아가는 데 맞닥뜨리는 가장 위험하면서도 가장 취약할 수밖에 없는 유혹이기 때문에 이 주제가 집중적으로 다루어지는 것일 것이다.

아홉 번째 강의는(5:1-23) 음녀를 주의하라는 긴 교훈이다. 음녀의 유혹은 달콤하다. 그러나 그 결과는 치명적이다. 음녀를 따라가면 파멸이 기다릴 뿐이고 결국 후회막급한 생이 될 수밖에 없다. 생의 멸망은 그렇게 오는 것이기 때문에 청년은 이 유혹을 극도로 주의해야 한다. 사람 사는 도리가 어려운 것이 아니다. 결혼 언약 하나를 성실히 지키는 것이 사람 사는 도리이며 그것 자체만으로 인생은 복되고 칭찬받을 만한 것이 된다. 젊어서 취한 아내를 사랑하고 즐거워하며 족하게 여기라는 것이 이 강의의 요점이다. 하나님이 인간의 행동 하나하나를 모두 "감찰하신다"(21절).[20]

---

20) 원문 *머팔레스(mpls)*는 "무게를 달아보다"(weigh out)라는 뜻이다.

주목할 것은 아홉째 강의는 음란을 "악(악행)"으로 규정한다는 점이다(22절). 인간 역사의 비극은 거듭해서 이 규정을 번복하려고 시도하는 데 있다. 타락한 인간들은 음란을 악이 아닌 선으로, 불행이 아닌 행복으로 규정하면서 하나님의 도덕률에 끊임없이 저항해 왔다. 그것은 타락한 인류가 자신들의 죄를 합리화해 온 방법이기도 하다. 이 반란적 태도는 인류의 최초의 타락과 기원을 같이 한다. 최초의 인류는 에덴동산에서 허락되지 않은 선악 지식의 나무의 열매를 먹을 때 스스로 도덕적 자율(moral autonomy)을 선포하며[21] 참람하게도 하나님의 도덕 주권을 찬탈한 것이었다. 선악에 관한 '지식'을 자신들의 소유로 만든 것이다. 이제 그들은 하나님만 하시는 도덕 기준의 설정을 자신들이 하게 되었다. 즉, 옳고 그름의 기준을 하나님 대신 자신들이 정하게 된 것이다. 그래서 자기 필요와 취향에 맞춰 선과 악, 의와 불의를 결정하게 된다. 현대는 이 양상이 극에 달

여기서 개역개정 "평탄하게 하시느니라"는 적절치 않은 번역이다.

21) 참고: Gordon J. Wenham, *Genesis 1-15*, WBC (Nashville: Thomas Nelson, 1987), 63-64.

한 시대라고 할 수 있다. 성경이 제시하는 의, 불의의 규정들을 케케묵은 고대 종교의 도덕률 정도로 간단히 치부하여 무시하고 자신들의 기호에 맞게 도덕 기준을 세우는 것이다. 현대의 상황이나 현대인의 감성 따위를 반영한 새로운 기준이 필요하다는 것이다. 그리하여 성경이 악이라고 말하는 음란을 버젓이 '선'으로 포장하여 말한다. 현대 매스미디어들은(방송, 영화, 인터넷 도메인 등) 음란한 성문화의 전도사들이다. 음란을 미화하고 성적 문란을 극도로 부추기며 여러 가지 왜곡되고 도착(倒錯)된 성적 관심이나 지향을 정상적인 것으로 추앙한다. 성경이 악으로 규정하는 음란, 문란은 더 이상 죄가 아니다. 죄가 아닌 정도가 아니라 오히려 인간의 욕구를 채워 주므로 인간을 자유롭게 하는 '해방'이다. 이렇게 해서 음란, 문란은 끝없이 조장되고 그 오염의 정도가 끝을 알 수 없을 정도로 도를 넘고 있다. 성경(잠언)은 음란과 악을 동치(同値)로 놓는다(22절). 여기다 아무 주(註)도 달아선 안 된다. 그것 그대로 영원한 도덕 질서이다. 그 질서에 충실히 순복하는 것만이 인간이 궁극적으로 참된 복에 이르는 길이다. 인류는 그리고 현대는 자율이란 이름으로 하나님의 주권에 손을 댐으로 스스로 파멸을 자초하고 있다. 이 더러운 시대가 초래할 결과를 두려움으로 바라보며 교회는 스스로 가정과 결혼의 순결을 지키고 또한 그것을 지키는 사회와 문화를 이루어내기 위해 최선을 다해야 한다.

열 번째 강의는(6:1-19) 죄에 대한 경고 네 가지를 모아 놓은 것이다. 첫째, 보증서는 것을 경계한다(1-5절). 하나님은 연약한 인간들의 거래를 신뢰하지 않으시며 자신의 백성이 공연히 그것이 가져다주는 그물에 걸리는 것을 원하지 않으신다. 둘째, 게으름을 경계한다(6-11). 인간이 지상의 삶을 사는 동안 게으름처럼 크고 근원적인 죄는 없을 것이다. 게으름만 극복한다면 인간은 경건에 관한 일이건 일상의 직업적인 일이건 이루지 못할 것이 없는데 게으름으로 인해 인간은 자신의 많은 가능성을 상실하고 있다. 하나님께서 인간에게 얼마나 크고 많은 가능성을 주셨는지 생각할 때 게으름처럼 인간에게 참담한 불행은 다시없을 것이다. 셋째, 정직하지도 정당하지도 않은 인간의 잔꾀를 경계한다(12-15). 인간은 본성적으로 정도(正道), 대도(大道)를 가는 것을 혐오한다. 시간도 오래 걸리고 고통이 따르기 때문에 "곁길"을 통해서 단 시간에 쉽게 원하는 목표를 이루려 한다. 그러나 이것은 기본적으로 계산 착오이며 결코 지혜가 아니다. 잠언이 거듭 강조하는 것은 잔꾀 부리지 말고 정직하게 정도를 가라는 것이다. 여덟째 강의처럼 역시 신체의 네 기관, 즉 말과 눈과 발과 마음을 언급한다. 말의 왜곡("구부러진 말"), 잔수와 잔꾀,[22] 비뚤어져 악을 도모하고 분란만 일으키는 "패역한 마음."[23] 들을 경계한다. 이러한 것들은 당장 보기에는 소기의 성과를 거둘 듯 보이나 그 앞에는 갑자기 닥쳐오는 파멸이 있을 뿐이다. 네 번째는 하나의 숫자 금언에 바르지 않은 인간의 행동 일곱 가지를 모아 놓은 것이다(16-19).[24] 교만한 눈, 거

---

22) 단체나 사회나 국가를 운영하는 일에 있어 정직하게 원칙을 따르기보다 사람을 현혹하거나 여론몰이를 하는 등, 정치공학적인 술수를 쓰는 것 따위를 말한다.

23) 14절에 "패역"으로 번역된 말의 본래 뜻은 "위아래가 뒤집힘, 또는 그런 상태"임.

24) 개역개정은 "예닐곱 가지"라고 번역하지만 원문은 "여섯 개가 있다, 그리고 일곱 개다"이다(한글번역들이 성경 여기저기서 늘 이런 식으로 "n, n+1"을 "서넛," "예닐곱" 등으로 뭉뚱그려 번역하는데 나눠서 정확히 "셋, 그리고 넷," "여섯, 그리고 일곱" 등으로 해 주는 것이 옳

짓된 말, 남을 해하는 손, 악한 꾀를 내는 마음, 악행을 향해 빨리 달리는 발, 거짓말하는 거짓 증인, 형제 사이를 이간질 하는 자 등이다. 앞의 다섯은 신체 기관을 들어 말하고, 뒤의 둘은 직접 사람의 부류를 언급한다. 교만, 왜곡된 말, 악행을 지향하는 태도, 이런 것들이 (앞의 강의들에 이어) 다시 한 번 지적되고 있다. 사람의 삶의 질이 어떤 상상도 어려운 고차적인 차원에서 형성되는 것이 아니고 이처럼 상식 수준의 평범한 일상에서 하나님의 의를 이루는 일에서 이루어진다.

열한 번째와(6:20-35) 열두 번째 강의는(7:1-27) 각각 음녀의 위험과 음녀 유혹의 실제에 대해 말한다. 음란이 가져오는 위험과 음란을 치밀하게 조장하는 인간의 타락한 본성에 대해서 이미 아홉 째 강의를 다룰 때 상세히 말했다.

2) 지혜의 강의

아버지의 강의의 초점은 당연히 "지혜"였다. 지

다). 그리고는 일곱 가지 항목을 제시한다.

혜의 강의는 이 지혜를 인격화(그리고 신격화)하여 인격화된 지혜가 사람들을 자기에게 초청하는 형식을 띤다. 이 때 이 인격화된 지혜는 문법적으로 여성 명사이고 또한 아름다운 여성이 순수한 젊은이를 부르며 구애하는 형식을 띠기 때문에 학자들은 이 지혜를 "지혜 숙녀"(Lady Wisdom)라는 이름으로 불러 왔다.[25] 지금도 학자들 사이에 사랑받고 있는 아름다운 은유이다. "아들"을 향한 권면(1:8-9:18) 안에 세 개의 지혜(숙녀)의 강의(초청)가 나온다.

첫 강의는(1:20-33) 지혜가 불러도 듣지 않는 어리석은 인간들을 책망하는 내용이다. 인간의 어리석음이 상상도 어려운 어떤 고차적인 데 있는 게 아니다. 하나님을 그리고 하나님의 말씀을 "듣지" 않는 데 있다. 자신의 어리석음을 인정하고 부르실 때 "듣고" 말씀 앞에 나아가는 것이 인간의 지혜의 전부이다. 듣고 나아가는 데서 인간의 모든 형통과 복이 시작되기 때문이다. 지혜는 삶의 일상에서("길거리," "광장," "시끄러운 길목" 등) 사람을 부른다. 책망이 따갑지

---

25) 근자에는 좀더 일반적으로 "여인 지혜"(Woman Wisdom)라 부르기도 한다.

만 그녀의 부름에 귀를 기울이고 돌이켜야 한다. 책망을 듣고 돌이키는 자는 평안하고 안전할 것이나, 듣지 않고 끝끝내 고집을 피우는 자는 갑자기 닥치는 재앙 앞에 속수무책으로 패망을 맞게 될 것이다.

두 번째 강의는(8:1-36) 첫 번째 강의가 돌이키게 하기 위한 목적으로 청중을 '위협'한 것이었던 데 반해 지혜가 자기 자신을 소개하는 '긍정적인' 내용이 주를 이룬다. 역시 지혜가 삶의 일상에서("길가의 높은 곳," "네거리," "성문 곁," "문어귀" 등) 부른다. 어리석음을 버리고 명철해지라고 한다. 지혜가 가르치는 것은 곧은 것, 바른 것, 진리이다. 지혜의 가르침은 의로우며, 구부러지거나 왜곡된 것이 없다. 이 둘째 강의는 지혜의 우주론적 가치에 대해 언급하는 것으로도 유명하다. 지혜는 하나님께서 우주를 창조하실 때 거기에 함께 있었다.[26] 지혜는 우주가 빚어진 원리이다. 지혜에 의해 우주가 창조되었고, 따라서 우주는 지혜 원리에 의해 운영되고 있다. 지혜는 의와

---

26) 말하자면 지혜는 우주 창조의 "보좌"(補佐)(deputy)였다.

공의라는[27] 위대한 도덕 원리를 가르친다(20절). 이 지혜를 "듣고" 익혀 자기 것을 만드는 자는 "생명"을 얻으며 여호와의 은총을 받는다. 반대로, 지혜를 미워하는 자는 "사망"의 길을 갈 것이다.

세 번째 강의는(9:1-18) 지혜의 초청과 우매의 초청을 대조한다. 먼저 지혜 숙녀가 젊은이를 초청한다(1-12절). 이번의 초청은 두 번째 강의에서의 초청과 다른 듯하다. 두 번째 강의에서는 "연애"를 위한 초청이었다면 이번은 "결혼"을 위한 초청이라 하겠다. 지혜가 (살) 큰 집을 장만하여 초청하고, 혼인 잔치를 크게 준비하며 초청하기 때문이다(1-2). 이제는 확실한 사람을 골라 제대로 훈련을 시키려는 지혜의 결단이 엿보인다(9). 이와 더불어 끝끝내 고집을 꺾지 않고 "듣기"를 거부하는 자는 포기하려는 의지도 드러난다(7-8). 거듭 강조해 온 지혜의 보상이 다시한 번 결론적으로 언급된다. 어떤 인생이 성공적인 인생인가. 지혜를 얻은 인생이다. 지혜를 얻은 자는 생명을 얻고 장수의 복을 받을 것이다. 이 사람은 지

---

27) *처다카*(ṣdqh)와 *미쉬파트*(mšpṭ)는 하나님의 도덕질서를 가리키는 구약의 가장 대표적인 짝 말(pair words)이다.

혜로 인해 살아가는 모든 일에 유익을 얻는다. 반면, 지혜를 비웃고 거부하는 자는 그 대가를 고스란히 자기가 치러야 한다(해가 있을 뿐이다). 무지한 우매 여인(Lady Folly)도 지혜 숙녀처럼 꼭 같이 사람들을 초청한다(13-18). 다만 가르침의 내용은 반대이다. 어리석음과 악이다. 죄와 악은 당장은 달콤하지만 그 끝은 죽음("스올")의 골짜기일 뿐이다.

3. 10-29장: 솔로몬의 금언 모음들과 지혜자들의 말씀 모음들

여기서는 본 장의 모두에 제시한 잠언의 구조의 II., III., IV., V.에 해당하는 부분을 다룬다. 이 부분은 문맥 없이 하나씩 끊어지는 금언들(또는 교훈들)이기 때문에 이것들을 주제별로 분류하는 작업으로 연구를 대신하고자 한다. 이 부분을 읽거나 설교할 때에 이 주제에 의한 분류를 기준으로 읽는다면 이 부분에 대한 이해나 설교 준비에 도움이 되리라 생각한다. 그러나 개별 금언들을 일일이 해설은 못하지만 분류를 하면서 어떤 금언이 해당 주제의 성격을 뚜렷이 드러내거나 기타 이유로 필요하다고 생각되는 경우에는 각주를 달아 비교적 상세히 해설했다.

금언들은 규범 금언(Prescriptive Sayings)과 기술 금언(Descriptive Sayings) 등 큰 두 범주로 나눠 이 두 표제 밑으로 분류했다. 금언들은 다 같은 성격의 것이 아니라 규범적인 것이 있는가 하면 단순히 삶의 양상을 묘사(기술)만 하는 것도 있기 때문이다. 보통 성경의 금언하면 으레 교훈적인 금언, 즉 규범 금언일 것으로만 생각하기 쉬운데 자세히 살펴보면 교훈적인 금언 외에 단순히 삶을 재미있게 묘사하므로 독자의 삶에 가까이 다가가고 그것에 (따뜻하게) 공감하는 기능을 하는 묘사적 금언(기술 금언)도 있다는 것을 알게 된다. 이 둘은 성격이 서로 달라서 나누어 분류하는 것이 금언들의 이해에 도움이 된다. 10-29장을 읽거나 설교를 준비할 때에 이 구별되는 성격을 인지하고 접근한다면 본문 이해에 많은 도움을 얻을 수 있을 것이다. 다음이 그 분류이다.

⟨10-29장의 주제에 의한 분류⟩[28]

1) 규범 금언(Prescriptive[Normative] Sayings)[29]

지혜와 우매

10:1, 13*, 14*, 23*; 11:12*, 14, 29, 30*; 12:1*, 8, 15*, 23*; 13:1*, 10*, 14, 15, 16, 20*; 14:1*, 3*, 6, 7*, 8, 9, 15, 16, 18, 24*, 33, 35; 15:14*, 20, 21, 22, 24, 31*; 16:16, 21*, 2, 23*; 17:2, 12,[30] 16,[31] 21, 24,[32] 25[33]; 18:1,[34] 2*, 4*, 15; 19:3, 8,[35] 20*; 20:5, 12,[36] 15*, 18; 21:11*, 16, 20, 22; 22:3, 17-21[37]; 23:9, 15-16, 19, 22-

---

28) '표는 두 개 이상의 주제에 관련된 것으로 분류한 구절임. 그러나 사실상 세 개 또는 그 이상의 주제로 분류하면 표가 너무 복잡해지므로 이를 피하기 위해 하나의 금언에 대해 두 개의 주제까지로만 분류함.

29) "처방 금언"(Recipe Sayings)이란 이름도 가능할 것이다. 사실상 10-29장에는 금언만 나오는 게 아니고 2인칭 명령인 훈계(교훈)와 심지어 지혜시까지 나온다(특히 잠언의 셋째 부분 "지혜자들의 말씀 모음 1"[22:17-24:22]과 넷째 부분 "지혜자들의 말씀 모음 2"[24:23-34]에서 그러함)(잠언의 구조에 대해서는 현창학, 『구약 지혜서 연구』[수원: 합신대학원출판부, 2009], 66-84 참조). 하지만 이것들을 별도로 취급하는 것은 분류표를 너무 복잡하게 만들기도 하고 10-29장 내용을 분석하는 취지에도 맞지 않으므로 장르는 무시한 채 그것들의 내용만 가지고 분석(분류)하여 금언들과 함께 수록하기로 한다.

30) 우매한 것이 얼마나 치명적이고 위험한가 말해 준다.

31) 예컨대 17:16을 교육 사업에 적용하여 생각할 수 있다. '분변' 없이 (개역개정이 "무지"라고 번역한 렙[lb]은 NASB의 "sense"처럼 "분변"이란 의미임) 고등 교육 사업에 달려드는 사람들은 학자들을(학자들의 지혜를) 많이 '사들이긴' 하지만 학교가 어떤 곳이며 무엇을 해야 하는 곳인지에 대한 충분한 이해를 갖추지 못한 탓에 학자들을 제대로 운용하지도 제대로 양육하지도 못하고, 따라서 깊이 있는 교육을 시행하지도 못하는 것 같다. 고등 교육 기관이란 세상을 선도할 학문을 진작하고 그것을 담당할 학자들을 길러내며 이로써 깊이 있는 교육이 수행돼야 하는 곳인데, 이에 대한 비전과 지향이 분명치 않은 관계로 학자들은 소모용 '교사' 정도로 전락되고 교육 내용은 외국의 학문을 암기시키는 수준 이상을 넘어서지 못하고 있는 실정이라 할 것이다. 우리 고등 교육의 후진성과 황폐는 우리 자신의 '우매'에 기인한다. 극복을 위한 '분변'이 필요하다. 교회와 사회의 다가올 백년을 위해 바로 된 교육의 밑그림이 그려져야 한다. 학문이 무엇인지, 교육이 무엇인지, 그리고 그것을 담당할 이들이 갖추어야 할 자질은 무엇인지 등 근본적인 문제들에 대한 성찰이 필요하다는 말이다. '분변' 있는 리더의 탄생이 쉽지 않은 이유이다.

32) 지혜는 가까운 데 있다. 어디서나 누구로부터나 배우려는 태도를 가져야 한다. 어리석은 자는 지혜가 멀리 있는 줄 알고 찾아 헤맨다. 평소에 주의가 산만하고 집중하는 태도를 결여한다.

33) 어리석은 자가 부모에게 고통을 준다는 내용은 10:1, 17:21 등에서도 발견된다.

34) "무리에게서 스스로 갈라지는 자"는 이해하기가 쉽지 않은 말이다(히브리어는 분사 한 단어로 되어 있음). 이 말은 아마도 이스라엘 공동체와 교제하지 않고 멀어져서 공동체가 가르치는 가치를 공유하지 않는 자, 즉 지혜를 따르지 아니하는 자를 가리킨 것으로 생각된다. 따라서 그는 건전한 지혜를(투쉬야[twšyh]) 멸시(배척)하고 어리석음과 죄에 빠지는 자이다. 당시 이스라엘에서 (지혜) 교육은 공동체, 즉 공동체의 스승들을 통해서 이루어졌다.

35) 상반절의 렙(lb)("마음")은 하반절의 "명철"과 평행을 이루는 관계로

25$^{*38)}$; 24:3-4, 5-6, 7, 13-14; 26:1, 3, 4-5,$^{39)}$ 6, 7, 8, 9, 10,$^{40)}$ 11, 12*; 27:11-12; 28:2, 7*, 11, 26; 29:3*, 8*, 9, 11*

여러 현대역이 "지혜"로 옮긴다(개역개정, KJV, NASB, NRSV, NIV 등). Murphy도 여기서 "마음"은 "지성"(intelligence)을 의미한다고 한다. Roland E. Murphy, *Proverbs*, WBC (Nashville: Thomas Nelson Publishers, 1998), 143.

36) 20:12는 지극히 단순한 진술로 그 자체로 무엇을 말하려 하는 것인지 바로 드러나지 않는다. 그러나 잠언은(특히 1-9장) 교훈을 "듣는" 것과 바로 "보는" 것을 지혜의 매우 중요한 자세로 생각한다. 따라서 이 금언은 "지혜와 우매"로 분류하는 것이 타당할 듯하다. 특히 "듣는" 것은 구약성경에서 순종을 의미하는 이스라엘에게 요구되는 가장 중요한 삶의 태도이다. 참고: Murphy, *Proverbs*, 151.

37) 22:17-21은 잠언을 구성하는 부분 중 세 번째 부분인 "지혜자들의 말씀 모음 1"(22:17-24:22)의 서론에 해당하는 것으로 보인다. 그래서 한 단위로 취급했다. "지혜자들의 말씀 모음 1"은 지금까지의 "솔로몬의 금언 모음 1"(10:1-22:16)이 "금언" 장르로 되어 있던 것과는 달리 맨 앞 부분 1-9장처럼 "훈계" 장르로 되어 있다. 참고: 현창학, 『구약 지혜서 연구』, 66-67, 74-76.

38) 23:22-25는 "아비," "어미"가 맨 처음과 맨 나중에 언급되어 봉투구조를 이루므로 하나의 단위로 보는 게 옳을 것이다. 이스라엘의 지혜의 성격이 본래 그렇듯이 지혜란 주제와 부모 공경(부모를 기쁘게 함)이란 주제가 하나로 엮여 통합돼 있다(참고: 잠 10:1).

의인과 악인, 의와 불의(악)

10:2, 3, 6, 7, 9, 16, 20`, 23, 24, 25, 27`, 28, 30, 31`;
11:1, 3, 4, 5, 6, 7, 8, 9`, 10, 11`, 18, 19, 20, 21, 23, 27`,
28`, 30`, 31; 12:2, 3, 5, 6`, 7, 10, 12, 13`, 20, 21, 26,

---

39) 26:4-5은 "모순 행동의 법칙"이라 이름 붙일 만하다. 사물에는 항상
두 면이 있다. 그리고 그에 대응하는 인간의 행동도 두 가지이다. 이런
경우에는 이렇게 대응해야 하고 저런 경우는 저렇게 대응해야 한다.
두 행동이 행동 자체들로서는 서로 모순일 수 있다. 그러나 지혜란 삶
의 경우에 맞게 적절한 대응을 펼치는 것이다. 그래서 자신을 지키고
사회를 유익하게 해야 한다. 어떤 하나의 행동에 대해 그것 자체만 두
고 옳다 그르다 판정하는 것은 삶의 다양성 내지 다면성에 대한 무지
를 드러내는 맹목적 태도이다. 전통 교리에 충실한 신앙인일수록 '융
통성'의 문제에 유연할 필요가 있다. 예수님의 자비는 율법과 의(죄)
의 문제에까지 융통성을 발휘하고 있지 않은가. 26:4-5과 같은 구절
이 주는 교훈을 깊이 새길 때 신앙이 관념화 교조화하는 위험을 막을
수 있다. 인간의 삶은 하나의 정답으로 다 답을 할 수 없는 다양한 (그
리고 모호한) 사태가 지속적으로 발생하는 현장이다. 어떤 사태가 발
생하면 지체 없이 답부터 말하고 유무죄 판정을 내리기보다 잠시 물
러 앉아("sit back") 성경과 상황이 어떻게 만나야 하는지 '생각'하는
것이 신학적 태도이다.

40) 랍(rb)은 "많은(위대한)," "두목(장인)," "궁수" 등 여러 가지 뜻을 갖
는데 이것이 다양한 번역을 유발시켰다. 26:10의 가장 적합한 번역
은 "궁수가 많은 사람을 상하게 하듯이 우매한 자를 고용하는 자와
지나가는 사람을 고용하는 자가 그러하다"로 생각된다(참고: NASB,
NIV). KJV는 랍을 "위대한"이란 의미로 생각하여 "모든 것을 지으신
위대하신 하나님은 우매자도 상을 주시고 범죄자도 상을 주신다"로
한다. 이 번역은 잠언이 가르치는 도덕 원리와 충돌하므로 현대역들
과 주석가들이 따르지 않고 있다. 개역개정은 전반절을 양보절(con-
cessive clause)로, 후반절을 주절로 취급하되, 후반절의 두 문장 사
이에 비유 관계가 성립하는 것으로 해석하는데 다소 복잡해 보인다.

28; 13:5, 6, 9, 17, 19, 21, 22, 23, 25; 14:2*, 5, 11, 14, 19, 22, 32, 34; 15:3, 6, 8, 9, 11, 27*, 28*, 29; 16:8, 10, 11, 12, 13, 17, 27*, 29, 30, 31; 17:4*, 11, 13, 15, 26[41]; 18:3, 5; 19:28; 20:7, 11, 17*; 21:3, 6*, 7, 8, 10, 12, 15, 18, 21,[42] 27, 29; 22:5, 8, 16, 22-23,[43] 28; 23:10-11; 24:1-2, 8-9, 15-16, 19-20, 23-25[44]; 25:26; 26:26-28; 28:1, 3, 5, 6, 8, 10, 12, 15-16, 17, 18, 21, 22, 24*, 28; 29:2, 6, 7, 10, 16, 24, 27

---

41) 17:15와 마찬가지로 보응의 원리를 역행하는 것에 대한 경고이다.

42) 21:21처럼 바른 삶("의")과 그 보응에 대해 아름답고 풍성하게 말한 구절은 없다 할 것이다. 개역개정이 "따라 구하는"이라 번역한 라닾(*rdp*)은 "맹렬히 쫓아간다(추구한다)"는 뜻이다. 개역개정도 무난한 편이다.

43) "지혜자들의 말씀 모음 1"(22:17-24:22) 부분의 훈계들은 보통 두 절한 조로 이루어져 있다. 한 절은 명령(또는 금지) 자체를 말하는 절이고, 다른 한 절은 그 명령(금지)의 이유를 설명하는 동기부여절이다. 참고: 현창학, 『구약 지혜서 연구』. 74. 하나의 훈계가 이렇게 두 절한 조로 되어 있는 경우는 두 절을 한 묶음으로 처리하기로 한다.

44) 재판의 공정성에 관한 말씀이다. 23절 전반절 "이것들도 지혜자들이지은 것이라"(개역개정 "이것도 지혜로운 자들의 말씀이라")는 잠언의 네 번째 부분("지혜자들의 말씀 모음 2"[24:23-34])의 제목에 해당한다. 참고: 현창학, 『구약 지혜서 연구』 66-67.

말

10:8, 10, 11, 13, 14, 18, 19, 20, 21, 31˙, 32; 11:9˙, 11˙,
12˙, 13˙; 12:6˙, 13˙, 14˙, 17, 18, 19, 22, 23˙, 25; 13:2, 3;
14:3˙, 7˙, 23, 25; 15:1, 2, 4, 7, 14˙, 23, 26˙, 28˙[45];
16:21*, [46] 23*, 24, [47] 27*, 28; 17:4*, 7, 20, 27, 28;
18:2*, [48] 4*, 6, 7, 8, 13*, 20, 21; 19:1; 20:15*, 19;
21:23; 22:12; 24:26; 25:9-10, [49] 11, 23, 25[50]; 26:2, [51]
20-22, 23-25˙[52]; 29:5, [53] 20

---

45) 이순신 장군이 남긴 말 중에 "물령망동 정중여산"(勿令妄動 靜重如
山)("분별없이 행동하지 말고 산처럼 조용하고 무겁게 행동하라")이
란 말이 있다. 무엇보다 사람의 언어 습관에 적용될 수 있는 말이라 할
것이다. 타인에게 말을 할 때는 신중에 신중을 거듭하여 건넬 말이 유
익하고 은혜로운 것이 되도록 잘 다듬는 훈련이 필요하다. 함부로 말
을 하여 분별없이 악을 쏟아내는 언어 습관을 극도로 경계해야 할 것
이다. 차라리 아주 말을 하지 않는 편이 낫다. 말에 대해 극도의 경계
를 보이는 야고보서는 사람의 혀를 "쉬지 아니하는 악이요 죽이는 독
이 가득한 것"이라고 개탄한다(3:8).

46) "말"과 "마음"이 평행으로 등장하는 수가 수없이 많다. 참고: 16:1,
23, 17:20 등.

47) 말의 효능에 대해 16:24처럼 잘 말한 구절은 없다 할 것이다. 격려하
고 세우는 좋은 말은 듣는 이에게 소위 "힐링"이 된다. 듣는 이의 영
혼을 행복하게 한다.

48) 18:2는 "말"에 관한 단어가 명시적으로 나오지는 않으나 "자기의 마
음(개역개정 "의사")을 드러낸다"는 말은 결국 말로 자기 마음을 표
출하는 것이므로 "말"이란 주제로도 분류함.

여호와 경외, 여호와의 경륜

10:22, 27˚; 14:2˚, 26, 27; 15:16˚, 33˚; 16:1, 2, 4,[54] 6, 7, 9,[55] 33[56]; 19:21, 23; 20:24, 27; 21:1, 2, 30, 31; 22:4˚; 23:17-18; 24:21-22˚; 29:26

---

49) "남의 비밀을 누설하는" 것을 중상모략의(slandering) 일종으로 보고 "말"에 분류함.

50) "기별" 또는 "소식"이라는 것이 말로 전달되므로 "말"에 분류함.

51) 저주는 능력을 지닌 "말"이기 때문에 "말"로 분류함. "까닭없는 저주는 이르지 아니한다"는(개역한글) 것은 죄 없는 이(innocnet)에게 발설된 저주는 도덕법칙에 어긋나는 불합리한(부적절한) 것이어서 효력이 없다는 뜻이다. 악의를 지닌 질이 나쁜 저주자(curser)보다 저주(curse) 자체가 "더 똑똑하다"(smarter)(Murphy, *Proverbs*, 198).

52) 개역개정 26:23의 "'온유한' 입술"은 이해되지 않는 번역이다. "'불타는(열정적인)' 입술"이 옳은 번역이다.

53) "아첨하는"은(개역개정 "아첨하는 것"은 "아첨하는 자"로 바뀌야 함) "말로 아첨하는"이란 의미이다. 원문은 단순히 "부드럽게 하는"인데 통상 함께 쓰이는 "혀," "말"이 생략된 것으로 볼 수 있기 때문에 "말을 부드럽게 하는"이란 의미이다. 즉 "말로 아첨하는"의 뜻이 된다.

54) 16:4는 보응의 원리에 관한 말씀으로 보면 "의와 불의(악)"로 분류할 수도 있다.

55) 16:9처럼 우리의 이해를 넘어서는 하나님의 경륜과 섭리에 대해서 잘 말한 구절은 없다 할 것이다. 20:24("사람의 걸음은 여호와로 말미암나니 사람이 어찌 자기의 길을 알 수 있으랴"), 19:21("사람의 마음에는 많은 계획이 있어도 오직 여호와의 뜻만이 완전히 서리라"), 16:33("제비는 사람이 뽑으나 모든 일을 작정하기는 여호와께 있느니라") 등도 동일한 사상을 나타낸다(21:30, 31도 참조). 신앙이 없는 세계도 인간의 한계에 직면하여 어렴풋이 이러한 것을 깨닫고 있었다. 참고: 제갈공명의 말 "謀事在人 成事在天"(모사재인 성사재천)("꾀하는 것은 사람이지만 이루는 것은 하늘이다").

여호와 의지

16:1, 3, 20; 18:10; 20:22; 29:25

율법, 계명

10:8*, 29[57)]; 13:13; 19:16; 28:4, 7*, 9; 29:18

---

56) "제비가 던져진다"는(원문은 개역개정처럼 "사람이"라는 말이 없이 단순히 수동태로 "제비가 던져진다"로만 되어 있음) 것은 실제 제비를 던져 어떤 일을 결정하던 고대의 습관을 지칭한 것이겠지만(참고: 행 1:26), 이것은 또한 인간이 내리는 일반적인 결정들 전체를 상징하는 것으로 의미를 확대하여 생각할 수 있다. 즉 16:33은 인간이 무언가 결과를 내기 위해 애를 쓰지만 결국 모든 일의 과정과 결말은 하나님의 간섭에 의해 결정된다는 사실을 말씀한다. 하나님의 섭리와 경륜에 관한 말씀이다. 인간은 자기가 처한 현실에서 매사 가장 좋은 것을 얻기 위해 최선을 다한다. 하지만 그 결국을 결정하는 것은 하나님이시다. 그래서 인간은 자신의 기대와는 다른 일의 흐름과 종종 부딪히게 된다. 우리는 매사가 자신의 뜻대로 되지 않는다고 흥분하거나 그것 때문에 전전긍긍해서는 안 된다. 하나님의 큰 신비, 큰 지혜가 사태를 지배하고 있기 때문이다. (갑갑하게도) 그 신비가 무엇인지 우리는 알지 못한다. 다만 우리를 사랑하시는 하나님의 경륜이 가장 좋은 것을 예비하고 있음을 알 뿐이다. 당장 당장 닥쳐오는 일들과 '싸움'을 멈추고 한 걸음 물러앉는 지혜가 요긴하다. 하나님의 온전한 뜻이 이루어지고 있으므로 '너그럽게'(freely) 받아들여 평정을 유지한다. 16:33은 우리에게 험악한 세상에서 다치지 않고 살아가는 삶의 기술을 가르쳐 주는 금언이다. 하나님의 '은밀한 조정'이(기독교강요 1권 16-17장) 우리를 가장 안전하게 구원받고 가장 큰 복을 받을 수 있도록 인도하고 있다.

57) 여호와의 "도"(drk) 는 계명이나 율법을 가리킬 수도 있고, 또는 하나님이 우주를 운영하는 질서, 즉 보응의 원리라는 도덕질서를 가리킬 수도 있다.

죄, 회개

28:13-14

훈련(징계, 연단), **책망**

10:17; 12:1*; 13:18, 24; 15:5, 10, 12, 31*, 32; 17:3, 10; 19:18, 20*, 25, 27[58]; 20:30[59]; 22:6, 15[60]; 23:12-14; 25:12; 27:5-6, 21-22; 28:23; 29:1, 15, 17, 19, 21

근면(게으름), **성실**

10:4, 5, 26; 12:11, 24, 27; 13:4, 11; 14:4; 15:19; 18:9;

---

58) 무살(*mwsr*)은 단순한 "교훈"이(NIV, ESV) 아니라 사람(사람의 정신)을 연단하는 "징계"라는(NASB) 의미이다. 따라서 19:27을 "훈련, 징계, 연단"에 분류한다. 개역개정 "지식의 말씀에서 떠나게 하는 교훈을 듣지 말지니라"는 KJV을 따른 것인데 무살이 부정적인 의미로 쓰이는 것은 상상하기 힘들기 때문에 바른 번역이라 할 수 없다. NASB처럼 "징계에 귀 기울이는 것을 멈춰라, 그러면 진리의 말씀에서 벗어나 그릇 가게 되리라"라고 번역하는 것이 옳다(NIV, ESV 도 참고).

59) 20:30만큼 징계의 필요에 대해 강렬히 말한 구절도 없다 할 것이다 (23:13도 참조).

60) 징계는(discipline) 이스라엘의 교육에서 아주 중요한 요소이다. 장로교회의 신앙 훈련에서도 필수적인 요소로 간주된다. 22:15는 인간의 순화와 성장을 위해 "징계의 매"(개역개정 "징계의 채찍")가 필요하다고 말한다. 징계의 필요성에 대해 가장 표준적으로 말한 금언이다.

19:15, 24; 20:4, 13; 21:5, 25; 22:13[61]; 24:30-34[62]; 26:13-16[63]; 27:23-27; 28:19, 20[64]

정직(거짓)[65]

19:5, 9, 22*; 20:10, 17*, 23; 21:6*, 28; 24:28; 25:14, 18; 26:23-25*; 29:12*

바른 생각

15:26*

---

61) "사자"는 게으른 자의 전형적인 핑계이다. 항상 가상적인 위험을 설정하여 자신의 나태를 합리화한다. 어떤 거룩한 책임 앞에서 건강이나 이익 따위에 위해가 생길 것을 우려하여 필요한 실천을 포기한다. 과도히 자신을 보호하는 극단적 자기중심주의로서 이웃이나 하나님을 고려할 공간 같은 것은 전혀 없다.

62) 24:30-34는 지혜시(wisdom poem)이다. 33-34절에는 6:10-11이 인용되어 있다.

63) 26:13은 22:13과 같은 내용이다. 26:16에 의하면 게으른 자는 나태할 뿐 아니라 교만하기까지 하다.

64) "충성된"(faithful)은 여기서 "성실히 노력하는," "꾸준하고 근면한" 이란 의미일 것이다. 후반절에 대조적으로 제시된 인간이 (노력 없이) 뭔가 급하게 이루려는 사람이기 때문이다.

65) 거짓말을 하거나 거짓 증인이 되거나 하는 것에 대해 경계한 금언들은 넓게는 "의와 불의(악)"로 분류할 수도 있으나 "거짓"이란 주제에 대해 특정적으로 말하므로 "정직(거짓)"이란 별도의 범주를 만들어 분류하는 것이 필요하다.

인내(화, 분노)

12:16; 14:17, 29; 15:18; 16:32[66]; 19:11, 19; 22:24-25; 25:15, 28; 27:3-4; 29:11*, 22

화목(화평), **다툼**(소송),

15:17*; 17:1*, 14; 18:17, 18, 19; 20:3; 25:8

겸손(교만)

11:2; 13:10*; 14:12; 15:25, 33*; 16:5, 18, 19, 25[67]; 17:19[68]; 18:12; 19:29; 21:4, 11*, 24; 22:4*, 10; 25:6-7; 26:12*; 27:1-2; 29:8*, 23

사랑(자비, 인자, 나눔/구제)

10:12; 11:16*, 17, 24, 25, 26, 27*; 14:21, 31; 15:17*;

---

66) 인내가 위대한 덕목임을 16:32보다 더 잘 말한 구절은 없을 것이다.

67) 14:12와 동일한 구절임.

68) 17:19는 의미 해석이 쉽지 않은 구절이다. 전반절은 다투기를 좋아하는 것을 경고하는 내용 같다. 후반절의 의미가 모호하다. 문을 높인다는 것을 다른 사람을 교만하게 대하는 태도로 보아 "겸손(교만)"으로 분류한다. 만일 "문"이 전반절과의 연관 속에 말하는 문, 즉 입을 의미하는 것이라면 후반절은 교만하게 말하는 태도를 경고하는 것이 될 것이다.

17:5, 9; 19:17, 22*; 21:13, 26,[69]; 22:9; 24:10-12, 17-18; 25:20,[70] 21-22; 28:27

보증

11:15; 17:18; 20:16; 22:26-27; 27:13[71]

맹세(서원)

20:25

신실(충성)

20:6; 22:29; 24:21-22*; 25:13, 19

---

69) "종일토록 탐하는 자"를 21:25절의 "게으른 자"로 보면(25절의 "욕망"과 26절의 "탐함"이 같은 단어인 것이 이에 대한 근거가 됨) 21:26은 여전히 "근면(게으름)"의 함의를 가지게 된다. 본서는 26절은 25절과 무관한 것으로 보고(26절 전반절의 주어를 비한정 인칭 주어[indefinite personal subject]로 봄) 26절의 내용만 가지고 "사랑"으로 분류함. 대부분의 영역은 전자의 입장을 취한다(KJV, NASB, NIV, ESV). Murphy와 개역개정은 후자의 입장이다. Murphy, *Proverbs*, 157.

70) 배려 없는 무례한 행동이 가져다주는 고통에 대한 말씀으로 보인다.

71) 개역개정의 번역이 많이 미흡하다. 전반절의 "타인"은 "외인"(stranger)으로, 후반절의 "외인"은 "이방 여인"(foreign woman)으로 바꾸는 게 옳다.

여자의 덕

11:16˚, 22˚; 12:4; 14:1˚

부(富), 재물

11:28˚; 14:24˚; 23:4-5˚; 24:27[72]

---

72) 얼핏 보기에는 이해하기 어려운 말씀이나 가정을 꾸리려면 재화나 물질이 어느 정도 준비되어야 한다는 매우 실제적인 교훈이다. 잠언은 추상적인 가치를 논구하기 전에 사람이 살아 가는 현실과 그것의 실질적인 필요에 대해서도 깊은 관심을 가진다. 24:27은 문법적으로 2인칭 명령들로 되어 있어 규범(교훈)의 형식을 갖긴 하지만, 내용상 사람이 사는 현실에 대한 있는 그대로의 묘사라고 볼 수 있기 때문에 성격상 기술 금언에 가깝다 하겠다. 논어(論語) 자로(子路) 편에 공자와 그의 제자 염유가 나눈 대화 한 편이 나온다. 공자가 위나라로 갈 때에 염유는 수레의 말을 몰고 있었다. 공자가 말하기를 "백성이 많구나" (庶矣哉) 하자, 염유가 "이미 백성이 많으면 그 다음은 무엇을 더해 주어야 합니까?"(旣庶矣, 又何加焉?) 하고 물었다. 이에 공자가 "부유하게 해 줘야 한다"(富之)고 말했다. 염유가 다시 물었다. "이미 부유해지면 그 다음은 또 무엇을 해 줘야 합니까?"(旣富矣, 又何加焉?) 그 때에 공자가 대답했다. "가르칠지니라"(敎之). 사람은 교육이 중요하지만 그것에 앞서 지상에서 물질적인 필요를 채움 받아야 하는 존재라는 내용이다. 사는 것은 현실이다. 땅에 발을 딛지 않고 사는 사람은 없다. 정신과 가치와 이상이 중요하지만 건강과 의식주의 문제가 해결되지 않으면 살 수 없는 것이다. 소중한 신앙의 이상과 목표에 대한 가르침이 허공에 뜬 구름처럼 힘을 잃지 않기 위해서는 목회자와 설교자는 교중의 현재의 삶의 필요들에 대해 인지하고 공감하는 민감성을 잃지 않아야 한다. 잠언은 정신을 가르치는 책이고 인격을 훈련하는 책이지만 그 이전에 인간의 삶에, 그 필요와 아픔에 공감하는 책이다.

욕심

15:16˚, 17˚; 17:1˚; 23:4-5˚; 25:16-17, 27; 27:7,[73] 20;
28:25

뇌물

15:27˚; 17:23

친구, 우정

13:20˚; 17:17[74]; 18:24; 27:9-10, 17

마음

14:30; 18:14; 20:9; 22:11; 27:19

내면의 중요성

11:22˚

---

[73] "쓴 것이 달다"는 것은 배고픔을 경험해 보지 못한 부유한 나라의 주석가들은 이해하기 힘든 진술이다. 한국에는 "시장이 반찬이다"라는 속담이 있다. 가난해서 먹을 것 자체가 궁했던 시절에는 달지 않은 음식이 없었다. 어려웠던 때를 생각하고 이미 주신 좋은 것에 충분히 만족할 줄 아는 것이 진정 지혜로운 태도라 할 것이다. 27:7은 정도 이상 과한 욕심을 내는 것을 "배부른 투정"으로 경계한다.

[74] 곤경 때 돕는 것이 우정이요 사랑이다. 성경에 우정에 관한 말씀은 매우 드물게 나온다. 17:17은 그 중 하나이다.

신중

19:2; 20:2*, 21; 23:1-3,[75] 6-8[76]; 26:17-19[77]; 27:14[78]

부모 공경

19:26; 20:20; 23:22-25*; 28:24*

왕, 군주, 통치

16:14, 15; 19:12; 20:2*, 8, 26, 28; 25:2-3,[79] 4-5[80];
29:4, 12*, 14

---

75) 23:1-3은 전체적으로 탐심을 내지 말고 주권자(왕) 앞에서 신중하라
는 교훈으로 보임.

76) 주권자 앞에서 신중하라는 1-3절에 이어지는 교훈임.

77) 신중치 못하고 무책임하며 위험하기까지 한 '나쁜' 행동(삶의 태도) 세
가지를 소개한다. 관계없는 일에 훈수하고 관여하여 남의 노를 격발
시키는 일, 까닭 없이 미친 사람처럼 남을 공격하여 치명상을 입히는
일, 남을 속여 큰 해를 입히고도 그것을 (의식적이건 무의식적이건) 대
수롭지 않게 생각하는 일 등은 신중하게 행동할 줄 모르는 현대인들
사이에서도 적잖이 관찰되는 비극적 현상이다.

78) 어떻게 하라는 지시의 함의가 없이 사실을 기술하기만 한 것이라면
기술 금언이 될 것임.

79) 25:1은 잠언의 다섯 번째 부분 "솔로몬의 금언 모음 2"(25-29장)의 제
목으로서 특별한 내용이 없으므로 분류에 수록하지 않음.

80) 충신을 가까이 두는 것은 왕의 성공적인 통치의 첫째 과제이다.

명예, 덕

22:1

술, 쾌락

20:1, 17; 23:20-21, 29-35[81]

성적 순결, 음녀 주의

22:14; 23:26-28[82]; 29:3*

행위 보응[83]

12:14*; 27:18

---

81) 23:29-35는 일곱 절로서 길지만 하나의 주제, 즉 술에 대한 경고를 다룬다. 사람들은 괴로움을 잊거나 또는 어떤 문제를 풀어 보겠다고 술을 마신다. 그러나 술은 문제 해결은커녕 더욱더 큰 문제를 가져온다. 여러 가지 사고와 건강 이상, 고통과 근심, 다툼, 불평과 원망, 원치 않는 상처 등 인간을 불행케 하는 심각한 결과들이 유발된다.

82) 23:26-28은 전체적으로 음녀에 대해 경고하는 내용이다. 26절은 이 경고의 서론으로서 별도의 분류가 필요하지 않다.

83) 의인과 악인의 대조와 함께 그들의 보응을 말하는 것은 "의인과 악인"에 수록하고 그러한 대조 없이 보응만 말하는 것은 "행위 보응"으로 분류함.

질서

19:10

듣기

12:15*; 13:1*; 18:13*

복수

28:29

소속, 공동체

27:8[84]

---

84) 교통과 산업과 통신이 발달함에 따라 많은 이동이 가능해진 현대인에게는 "고향"은 이전처럼 절실한 개념은 아니다. 그러나 인간에게 "소속"(Belonging)이란 여전히 삶을 의미 있게 하는 중요한 가치이다. TED 강연자 에밀리 에스파하니 스미스는 인간이 진정으로 행복해지려면 자신을 찾고 의미를 추구하는 것이 중요한데 이를 위해서는 소속/유대감(Belonging), 목적(Purpose), 초월(Transcendence), 스토리텔링(Storytelling) 등 네 가지 차원이 점검되어야 한다고 말한다. 참고: Emily Esfahani Smith, *The Power of Meaning* (New York: Crown, 2017).

2) 기술 금언(Descriptive Sayings)[85]

마음의 고통과 기쁨

14:10, 13; 15:13, 15, 30; 17:22

가정, 가족, 아내

17:6; 18:22; 19:13,[86] 14; 21:9,[87] 19[88]; 25:24[89];

---

85) Murphy는 잠언 17:8을 주석하면서 "이 금언은 사실을 묘사한 금언
이다; 뇌물이 작동하는 방식을 말한 것이다"(This proverb describes
reality: the way a bribe works)라고 해설한 적이 있다. Murphy,
Proverbs, 129. 바로 이 말처럼 어떤 교훈을 주고자 한 대신 사실을 묘
사하기만 한 금언들을 기술 금언(Descriptive Sayings)이란 군(群)으
로 분류하고 있다("묘사 금언", "서술 금언" 등으로 불러도 좋을 것이
다). 보통 금언 하면 교훈과 명령을 주는 규범 금언만을 생각하게 되는
데 잠언의 금언들의 성격을 자세히 살펴보면 교훈을 주려한 대신 삶의
양상을 있는 대로 기술하기만 한 (그래서 그 자체로 유익을 주고자 한)
금언도 적지 않다는 사실을 발견하게 된다. 이러한 것들은 규범 금언
과는 별도로 기술 금언이란 범주로 분류하는 것이 필요하고 유익하다.
Murphy 자신이 실제로 잠언의 금언들을 해석하면서 규범 금언, 기술
금언의 (체계적인) 구별을 가졌는지는 명확하지 않다.

86) 21:9, 19도 다투는 아내로부터 오는 고통을 표현한다. 반면 19:14은
지각 있는(개역개정 "슬기로운") 아내는 하나님이 주신 은혜라고 말
한다. 19:13, 21:9, 19 등을 기술 금언으로 보는 이유는 평안을 얻기
위해 아내를 버리라는 '교훈'이라기보다는 부부관계의 어려움에 대한
객관적인 기술로 생각되기 때문이다.

87) 만일 21:9을 화목에 관한 권면으로 본다면 규범 금언으로 분류될 것
이다.

27:15-16

부(富), 재물(가난)

10:15; 12:9; 13:7, 8; 14:20[90]; 18:11, 23; 19:4, 6,[91] 7; 22:2,[92] 7[93]

선물, 뇌물

17:8[94]; 18:16; 21:14

---

88) 만일 21:19을 화목에 관한 권면으로 본다면 규범 금언으로 분류될 것이다.

89) 21:9와 정확히 같음.

90) 맹자(孟子) 등문공 상(滕文公上) 편에 나오는 "무항산 무항심"(無恒産 無恒心)이란 말이 이와 유사한 뜻이 될 것이다. 인간의 정신은 어쩔 수 없이 물질의 지배를 받게 되는 '아픈' 현실에 대해 말한다 하겠다.

91) "너그러운 사람"(또는 "유력자," "귀족")과 "선물 주기를 좋아하는 자"(직역 "선물의 사람")는 문맥적으로 부와 재력을 가진 사람을 가리킨다 할 수 있다.

92) 22:2은 "여호와의 경륜"의 요소도 있다(즉, 규범 금언으로 분류될 수도 있다).

93) 22:7은 되도록 빚을 지지 말라거나 채주는 채무자를 억압해서는 안 된다거나 하는 따위의 교훈이나 지시를 하는 금언이 아니다. 돈을 빚질 때에 발생하게 되는 인간 관계의 불가피한 불미스러운 양상을 사실대로 묘사할 뿐이다. 그렇게 함으로 독자들로 하여금 삶을 이해하고 관조하는 유익을 얻게 한다. 기술 금언이 되는 이유이다.

94) 17:8은 뇌물을 나쁜 것으로 정죄하는 여타 규범 금언들과는 달리

왕, 군주

14:28

인간의 수고

16:26

소원

13:12[95]

(15:27, 17:23 등) 뇌물이 작동하는 방식의 '사실'만을 기술한다. 사람 사는 현실에 대해 말하고 있으므로 17:8은 기술 금언이다. 사람이 살고 세상이 돌아가는 데 있어 때로는 뇌물(선물)이 (긍정적으로) 작동하는 것 아니겠느냐는 의미가 될 것이다. 물론 부정이나 범행을 목적으로 부당하게 뇌물을 제공하는 것이라면 마땅히 정죄돼야 하겠지만, (물질이) 오고 가는 게 있음으로 사람 사이의 관계가 원만 원활해지는 것도 어쩔 수 없는 사실이 사람 사는 일이다. 다만 규범 금언일 가능성이 전혀 없지는 않다. 만일 17:8의 '장르'가 조롱(mockery)이라면 이는 규범 금언이라 할 것이다. 뇌물(선물)의 작동 방식에 대한 기술이긴 하지만 그 의도가 비아냥거림(sarcasm)일 수 있다. 즉, 무소불위의 효능을 가진 뇌물을 너희가 잘도 사용하고 있구나 하고 비꼬아 말하는 톤이라면 뇌물에 대한 부정적인 태도가 전제되어 있으므로 규범 금언으로 보는 것이 옳겠다.

95) 13:12는 인간이 사는 데 적절한 '성취'는 필요하며 그것은 인간의 삶에 상당한 활력이 된다는 뜻이다. 이처럼 금언들은 교훈하고 명령만 하는 것이 아니라 삶의 현실을 있는 그대로 말해 줌으로 '어렵게' 현실을 살아가는 인간과 공감한다. 기술 금언으로 분류되는 금언들이 대체로 그런 성격의 것들이다. 기술 금언들의 존재를 생각하면 잠언(잠언서)은 교훈의 책일 뿐 아니라 동시에 공감의 책이기도 한 것이다.

삶의 현실

20:14,[96] 29; 29:13

---

96) 20:14은 시장에서 흔히 볼 수 있는 삶의 일상에 대한 재미있는 묘사이
다. 사람들은 물건을 살 때 보통 그 물건의 가치를 애써 낮춰 평가하므
로 될 수 있는 한 물건을 싼 값에 구입하려고 한다(정가제가 자리 잡지
않았을 뿐 아니라 물물교환이 거래의 주 수단이었던 고대에는 더욱 그
랬을 것이다). 그리고 구매한 다음에는 집에 돌아와 좋은 물건을 싸게
샀다고 자랑하며 기뻐한다. 이 금언은 어떤 특별한 교훈을 주려 한 것
이기보다는 사람이 살아가는 일상을 있는 그대로 묘사하여 인생을 관
찰(관조)하는 재미를 더하려 한 것으로 보인다. 묘사에 동원된 해학은
이 맛을 더한다. 따라서 기술 금언(Descriptive Saying)이라 할 것이
다. 이를 규범 금언(Prescriptive Saying)으로 해석하는 학자도 있는
것이 사실이다. 금언을 판매자를 위한 교훈으로 보는 것이다. 판매자
에게 구매자의 뻔한 홍정 전략에 속아 물건을 싼 값에 넘기는 일은 없
도록 하라는 충고로 보는 것이다(참고: Murphy, Proverbs, 151-52).
그러나 이러한 것은 지나치게 현대 상업주의적인 관점에서 접근한 이
해 같아 보인다. 고대는 현대처럼 상업 경제가 발달한 때가 아니었기
때문에 상업 행위를 통한 이윤 확보 같은 것이 그리 중요한 관심사가
아니었다. 금언의 주제가 될 만큼 보편적이고 일상적인 관심거리가
못 되었다는 말이다. 이 금언을 판매자가 상거래에서 손해 보는 것을
막기 위한 처방 지침이라고 하면 그것은 아무래도 과도히 나아간 느
낌이 있다. 단순히 구매자의 물품 구매 생리를 묘사한 것으로 보는 것
이 옳아 보인다. 지금처럼 화폐 경제가 발달하지 않은 고대 사회에서
는 물건을 파는 일보다는 물건을 사는(획득하는) 일이 훨씬 중요했던
점도 구매자 초점의 해석에 더 비중이 쏠리게 한다. 20:14는 교훈이
라기보다는, 구매자의 물품 획득 과정을 반전 있게 묘사함으로 사람
살아가는 일상의 재미를 드러내려 한 소박한 기술(description)이다.

4. 30-31장: 아굴의 말, 르무엘 왕의 말, 이상
적 아내에 대한 시

여기서는 책의 구조의 VI., VII., VIII.에 해당하는
부분을 살피기로 하자.[97]

VI. 야게의 아들 아굴의 말 모음은(30:1-33) 1-14
절과 15-33절 두 부분으로 나눠진다. 첫 부분은 수
수께끼와(1-4절) 유사 숫자 금언 내지는 단순 열거
(simple listing)(7-9, 11-14) 등으로 되어 있다. 여러 가
지 개인적, 사회적 교훈이 담겨 있다. 둘째 부분은
숫자 금언과 단순 열거들로 되어 있다. 숫자 금언들
은 "셋, 그리고 넷"의 형식으로 되어 있고(15, 18, 21,
29), 단순 열거는 두 개 열거와(15) 네 개 열거가(24)
있다. 적절치 않고 부당한(unfair) 것들, 신기하고 기
이한(wondrous) 것들이 나열된다. 이러한 나열은 독
자로 하여금 삶이 어떠함을 재미있게 관찰하게 함으
로 예기치 않은 삶의 상황이 발생하는 것에 대해 적
절히 대응하는 능력을 갖추도록 돕는다.

---

97) 전체적으로 이 부분에 대해서는 현창학, 『구약 지혜서 연구』, 79-84
를 참고함.

VII. 르무엘 왕의 말 모음은(31:1-9) 왕의 어머니
가 자기 자식이 훌륭한 왕이 되도록 경계한 말이다.
여자들에게 과도히 힘을 쓰지 말 것, 술에 탐닉하지
말 것, 사회적 약자를 위해 공정한 판결을 내릴 것
등을 교훈한다. 젊은 왕이 빠지기 쉬운 함정에 대한
실제적인 경계이고, 바르고 훌륭한 통치자가 되는
길에 대한 신학적인 가르침이다. 성경의 신앙으로
잘 준비된 황태후였음이 분명해 보인다. 성군(聖君)
이 되는 원리가 간단하다. 자기 자신을 관리하고 하
나님이 주신 의와 공의의 정신에 따라 나라를 다스
리는 것이다.

VIII. 이상적 아내에 대한 알파벳 시는(31:10-31)
남편을 복되게 하는 걸출한 아내에 대해 노래한 지
혜시(Wisdom Poem)이다. 이 부분은 별도의 제목이
붙여져 있지 않지만 전체적으로 히브리 알파벳을 따
라 22줄로 지어진 알파벳 이합체(離合體) 시여서 하
나의 독립된 단위로 보는 것이 옳을 것 같다. 히브리
어 알파벳 "알렙(א)부터 타우(ת)까지"의 방식으로 말
한 것은 어떤 "완성"을 의미하려 한 것이 아닌가 추
정하게 한다. 즉, 여기 묘사되는 여인은 남편에게

"완전한(완벽한) 아내"이다. 그리고 여기 묘사된 아내는 지혜가 의인화된 것이라는 것이 학자들의 생각이다.[98] 지혜가 그를 소유한 '남편'에게 삶의 모든 방면에 빠짐없이 넘치는 복을 가져온다는 말이다. 이 "아내"는 잠언이 I. "아들"을 향한 권면(1:8-9:18)에서부터 시도해 온 지혜의 의인화의 결정판이요 정점이다. 지혜는 8장에서 "연애"하기 위해 젊은이를 초청한다. 그러다 9장에서는 "결혼"을 위해 초청하고, 급기야 31:10-31에 와서는 가정을 이룬 능력 있는 유부녀가 되어 남편에게 온갖 복을 가져오는 덕성 깊은 모습으로 자신을 드러낸다. 이 아내(지혜)처럼 인간에게 복된 것은 없다. 지혜의 의인화를 통해 잠언은 다음과 같이 말하고 있다 할 것이다: "지혜의 부름에 응답하여 그를 사랑하고 그와 결혼하라, 그러면 '생명'을 포함한 지상의 온갖 축복이 그대의 것이 될 것이다!" 지혜는 인간과 인간의 삶을 위해 참으로 찬양받을 존재이다.[99]

---

98) 참고: 현창학, 『구약 지혜서 연구』, 82 n. 55.

99) 한글번역이 8, 30, 31절에서 "칭찬"으로 번역하는 말은 원문은 "찬양"이다.